HSK
标准会话教程 3
HSK Standard Conversational Course 3

HSK BIAOZHUN HUIHUA JIAOCHENG 3

中文联盟平台教学中心 语文出版社教材研究中心 编写
Co-edited by Chinese Plus Platform Teaching and Learning Center
and Textbook Research Center of Language & Culture Press

张 会 主编
Lead Author Zhang Hui

刘兰民 张 会 本册编写
Compiled by Liu Lanmin, Zhang Hui

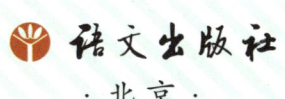
·北京·

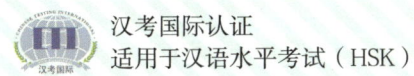
汉考国际认证
适用于汉语水平考试（HSK）

总策划：谷新矿　静　炜
策　划：邵亦鹏　李佩泽　郑　浩　朱春玲

项目负责人：王锦红
项目组成员：许雪松　姜天琦　孙博雅
　　　　　　黄　蕾　王　轩　高　鹤　李艳娇

主　　编：张　会
英文翻译：Raluca Georgescu（张　露）

图书在版编目（CIP）数据

HSK标准会话教程. 3 / 中文联盟平台教学中心，语文出版社教材研究中心编写；张会主编. -- 北京：语文出版社，2021.10
ISBN 978-7-5187-1362-2

Ⅰ. ①H… Ⅱ. ①中… ②语… ③张… Ⅲ. ①汉语－口语－对外汉语教学－水平考试－教材 Ⅳ. ①H195.4

中国版本图书馆CIP数据核字(2021)第147604号

责任编辑	许雪松
装帧设计	徐晓森
出　　版	语文出版社
地　　址	北京市东城区朝阳门内南小街51号　100010
电子信箱	ywcbsywp@163.com
排　　版	北京光大印艺文化发展有限公司
印刷装订	北京市科星印刷有限责任公司
发　　行	语文出版社　新华书店经销
规　　格	890mm×1240mm
开　　本	1/16
印　　张	10.25
字　　数	177千字
版　　次	2021年10月第1版
印　　次	2021年10月第1次印刷
定　　价	76.00元

☎ 010-65592964（咨询）　010-65240052（购书）　010-65250075（印装质量）

前言

本系列教材《HSK标准会话教程》共5册，根据汉语水平考试（HSK）大纲一级至四级和汉语水平口语考试（HSKK）大纲初级和中级设计，1—3册分别对应HSK一级、二级、三级大纲，4—5册对应HSK四级大纲。各册教材以《普通话1000句》为蓝本，合理吸收其话题与典型句式，以"考教结合"为目标，"以考促教""以考促学"，学习者学完每一册后可以获得相应的口语交际能力，参加相应级别汉语水平考试。

在编写理念上，本系列教材吸收了国际中文教学研究成果，遵循教学规律，强调典型语境的示范作用，培养学习者对所学词语的多场景重新组合能力。同时，结合时代发展和教学法革新的需求，借鉴移动学习、在线学习的教学理念，研发了配套动漫和微课，使静态的图书与动态的视频有机结合起来，让学习的过程更加有趣，途径更加宽广，手段更加多样，学习的效果更加显著。教师可以拥有丰富的教学内容和灵活的教学手段，学习者可以拥有活泼的学习气氛和多样的学习形式。

本系列教材的特色：

第一，用框架突出句子结构。在"热身"部分采用独特的图形框架展示句子的结构特点及句型的变换关系，让句子结构一目了然，对培养学习者语言输出过程中的组句能力和语言听读过程中的断句能力非常有帮助。

第二，文化理解促进语言学习。每一课的文化点都是与课文内容相关的文化常识或现当代中国国情，有助于学习者了解语言中蕴含的文化因素和中国的现状，加深对中国语言文化的深层次理解，进而促进语言的学习。

第三，对话与陈述并重。每一课在对话体课文外都提供一个第三人称角度的陈述性段落，不同级别对段落的长短、词语的难度要求不同，目的是从入门阶段就开始培养学习者的语段表达能力，即使是在一级阶段词汇数量不多的情况下，也要让所学的每一个词都能得到充分的运用。

第四，侧重听说技能。课文方面，在词汇大纲范围内，尽量通过日常生活常见的情景，展现中文对话中常用的词语和句子。练习题模拟汉语水平考试题型，围绕听说技能的发展进行训练，具有很强的实用性。

第五，配套资源丰富多样。对话及课后听力练习全部配有音频，方便学习者预习、跟读及教师教学，注重培养学习者在不同情景中得体恰当地运用中文进行交际的能力。第一册和第二册配套"动画课文"，将静态、无声的课文变成有声有色的动画故事，增强了教材的趣味性、可读性，帮助学习者理解对话的含义。第三册至第五册配套短视频微课，为教师教授语法和重点词语或进行翻转课堂教学提供条件，也利于学习者课下预习或复习。具体内容可参阅"中文联盟平台"专题网页（http://hskc.chineseplus.net）。

本系列教材在研发过程中得到了语文出版社、五洲网络和汉考国际的大力支持和指导，收到了来自五大洲上百所孔子学院（课堂）中外方院长、教师及中国高校中文教师的意见反馈，集中了众多关心中文教材编纂人士的智慧。我们谨代表编写组对大家表示最衷心的感谢。尽管我们竭尽所能，但仍不免存在这样那样的不足，恳请广大师生和读者朋友在使用过程中随时向我们反馈意见，以便将来进一步完善，使本系列教材能够成为广大中文学习者的好帮手。

编写组

2021 年 7 月

Preface

This ***HSK Standard Conversational Course*** series consists of five volumes, designed in accordance with *HSK Test Syllabus* (HSK Levels I-IV) and *Chinese Proficiency Test Syllabus Speaking* (HSKK Primary and Intermediate Levels). Volumes 1 to 3 correspond to the HSK Levels I to III syllabi, and volumes 4 and 5 correspond to the HSK Level IV syllabus. The content for each level is based on *1000 Mandarin Chinese Sentences*, from which various topics and marker sentences are assimilated in a way that fits the intended purposes, namely to "combine testing with teaching" "promote teaching through testing", and "promote learning through testing". Upon completion of each volume, learners will have the necessary communication skills and will be able to attend the corresponding HSK test.

The writing concepts behind this conversational Chinese textbook series draw on research results in the field of teaching Chinese as a foreign language, adhere to teaching rules, and lay stress on the illustrative role typical contexts play, in order to cultivate learners' ability to make full use of the words and expressions they've learned by adapting them to various new contexts. Moreover, changing trends of the times and the need for innovation in pedagogy are considered carefully, thus the following notions are applied: use teaching and learning concepts of mobile learning and online learning for reference, develop animations and micro-lectures to complement the textbooks, and integrate the static with the dynamic by using both textbooks and videos, all these with the purpose of having a more engaging learning process, more extensive channels, and more varied methods, which will ultimately lead to remarkable learning results. Teachers will benefit from the rich teaching content and the flexible teaching methods, while students will enjoy a lively learning atmosphere and varied forms of learning.

The five features of this series are:

First, use of boxes to emphasize sentence structures. In the "Warm-up" section, each sentence is enclosed in distinctive drawn boxes which indicate the sentence structure

characteristics and show how sentences may convert from one individual word to a larger chunk, thus making sentence structures become clear at a glance. This system greatly helps cultivate learners' ability to form sentences during the process of language output as well as their ability to break down sentences during the process of listening and reading.

Second, comprehension of cultural aspects boosts the language learning process. The cultural aspects presented in each lesson are in close connection with the content of the texts, being either pieces of general cultural knowledge about China or knowledge specifically regarding modern and contemporary China. These will greatly help cultivate learners' understanding of the cultural elements hidden beneath the language layer and the present situation in China and give them a deeper insight into Chinese language and culture, thus acting as catalysts for the language learning process.

Third, equal importance is attached to both dialogues and narration. Each lesson contains a narrative paragraph presented in the third person to complement the active dialogues. The length of the paragraphs and the difficulty level of the words used differ depending on different levels. The purpose is to cultivate learners' discourse ability right from the threshold level and allow them to make full use of every word they've learned even when they're at Level I with a limited vocabulary.

Fourth, lay stress on speaking and listening skills. By staying within the limits of the HSK vocabulary, the texts employ numerous common scenarios from everyday life to display words and sentences frequently used in Chinese conversation. The drills simulate actual HSK question types, by focusing on training listening and speaking skills in a very practical way.

Fifth, a wide variety of auxiliary resources is offered all throughout the series. All the dialogues and listening drills come with audio recordings, which are very handy for both students to prepare the lessons before class or read along and for teachers to conduct their lessons. These lay emphasis on cultivating learners' ability to communicate in Chinese appropriately and effectively in various contexts. Volume 1 and 2 come with "anime texts", which transform the static, soundless texts into stories full of sound and color, making the books more engaging and more readable, thus helping learners grasp the meaning of the dialogues. Volume 3 to 5 come with short videos of micro-lectures, which are a good resource for teachers to present grammar and key words and expressions or to adopt a flipped classroom system for teaching, as well as for learners to prepare or review lessons. For more details, see the special page under Chinese Plus Platform: http://hskc.chineseplus.net.

During its research and development, this series has received strong support and guidance from Language & Culture Press, Continental Network and Chinese Testing International (CTI). Moreover, generous feedback was presented by Chinese and local directors and teachers from more than one hundred Confucius Institutes (classes) from all five continents as well as from college and university teachers in China, making this the product of a multitude of people who show true interest in textbook compiling. We therefore want to extend our most sincere gratitude on behalf of the authors team to all those mentioned above. Although we put in all efforts and strived for the best, it is unavoidable that insufficiencies and inadequacies still exist, hence we would like to make a cordial request towards all teachers, students and readers who will use these books to present us their feedback at any time, so that we may continue to perfect them and make these books the best helper for learners of Chinese.

The Authors Team
July, 2021

本册编写说明

本册教材为《HSK标准会话教程》系列教材的第三册，是中文学习的关键阶段，适合掌握300个左右中文词语的在校学生及对中文感兴趣的社会人士等中文学习者使用。

本书词句难度等级依据汉语水平考试大纲三级（HSK三级），用一些常用的词语和语法规则生成尽可能多的交际句子，语句内容符合学习者的生活实际和认知水平。

除了继续培养学习者的词汇复合意识外，本册书中适当引入了一些虽然超出大纲范围但在生活中比较常用的词语，以使交际更加自然、生动。

全书共16课，每一课建议授课时间为3—4课时。各课以赴华留学生学习和生活的亲身经历为主线串联起来，通过其学习和生活的轨迹不断地引入新的词汇和语法。

每一课都包含热身、课文、生词、语法点、练习和文化点六个部分。

热身部分采用独特的框架结构，将本课重点句式通过结构分解进行展示，用不同颜色、不同形状的图形显示不同位置上词语的功能，让句子的主体结构一目了然；用不同颜色、不同线型的线条连接成不同的句子，相同颜色的线条可以连成一个句子。随着掌握词语的不断增多，热身部分出现的词语不一定是生词，所以从本册起就不一一翻译这些词语了。希望学习者可以通过热身部分了解中文句子的构成规则，从而形成重点语句的结构意识。

课文部分充分反映了会话教材的特点，包括两篇情景对话和一篇叙述性短文，将语言交际能力和个人陈述能力有机结合。两篇对话围绕本课重点语法和句型展开，旨在提升学习者在不同情境下运用同一个语法点进行口语交际的能力；一篇短文与对话内容相关，陈述事实，回顾过往，目的是提升学习者的话语陈述能力和连贯表达能力。

生词部分按照惯例编排，列出了本课新出现的词语，提供了汉语拼音、词性说明和英文释义。其中，带*符号的词不要求掌握。

语法点部分覆盖HSK三级语法大纲，用双语解释每一课出现的重点语法和词语，并给出典型例句。

练习部分参考HSK三级和HSKK中级考试题型，对本课重点内容进行听说训练，便于学习者熟悉考试题型，为顺利通过相应级别考试奠定基础。

文化点部分用中英双语介绍一则与本课内容相关的中国语言文化常识或当代中国国情，激发学习者兴趣，扩展其知识面，帮助其积累文化知识、理解中国语言文化。为减轻教材体量，这部分内容将作为网络资源提供给学习者。

本书语句紧扣HSK和HSKK大纲，内容清新，与时俱进，特色鲜明。学习者可以通过此书进一步提高中文水平，体会中文交际的乐趣。千里之行，始于足下，让我们一起畅游中文学习乐园吧！

编者
2021年8月

A Guide to the Use of This Book

This volume is the third one in the *HSK Standard Conversational Course* series, corresponding to a key stage in the process of learning Chinese. It is suitable for school students and other members of the broader community who have already grasped around 300 words in Chinese.

The difficulty level of the words and sentences in this book is based on the *Chinese Proficiency Test Syllabus* (*HSK Level III*). Commonly used words and expressions and grammar rules have been used to generate a maximum amount of sentences true to life and tallying with learners' cognitive level.

Besides continuing to nurture learners' awareness regarding the compounding of words, this volume also introduces an appropriate number of words and expressions, which although exceed the limits of the syllabus, are quite commonly used in daily life and help create more natural and more lively communication.

This book contains 16 lessons in total. We suggest each lesson be taught for 3–4 hours. The lessons are interconnected by a main storyline revolving around the personal experiences of international students living and studying in China, with new words and grammar points being constantly introduced by following their path of living and studying in China.

Each lesson comprises six sections, namely Warm-up, Texts, New Words, Language Points, Drills, and Cultural Aspects.

The Warm-up section utilizes a distinctive technique using boxes to break down key sentence structures and different colors and shapes to show how the function of words varies according to their position in the sentence, thus making the primary structure of a sentence become clear at a glance. Different colors and types of lines are used to connect different sentences; lines with the same color can be connected to form a sentence. As the number of mastered words constantly increases, words appearing in this section aren't necessarily new ones, therefore starting with this volume, words will not be translated one by one anymore. The Warm-up section is aimed at helping learners understand the rules of forming sentences in Chinese and become aware of typical sentence structures.

A Guide to the Use of This Book

The Texts section fully reflects the qualities of a conversational textbook. This section consists of two situational dialogues and one narrative paragraph, which integrate discourse ability with individual narration ability. The two dialogues revolve around key grammar points and sentences from the lesson, intended to improve learners' ability to communicate using the same grammar points but under various contexts. The narrative paragraph is closely connected to the dialogues, mainly focusing on narrating facts, looking back at past events, with the purpose of improving learners' ability of narrative discourse and coherent expression.

The New Words section employs a conventional layout, by listing the new words of each lesson along with the Pinyin, their part of speech and an English explanation. It is not required to memorize the words marked with *.

The Language Points section covers the HSK Level III grammar outline. It uses both Chinese and English to explain the key grammar points and words and expressions which appear in every lesson. These are complemented by typical illustrative sentences using only previously learned words.

The Drills section is based on HSK Level III and HSKK Intermediate Level question types. The purpose is to practice listening and speaking based on the main content of the lesson as well as to familiarize learners with actual HSK question types, so that they may have a basis for smoothly going through the test corresponding to their level.

The Cultural Aspects section introduces bilingually pieces of general knowledge regarding Chinese language and culture or the present situation in China, all in close connection with the content of the texts. This integration of language with culture captures learners' interests by expanding their scope of knowledge and helps them understand Chinese language and culture by accumulating cultural knowledge. This section will be put online in order to reduce the size of the printed textbook.

The words and sentences in this book are directly connected with the HSK and HSKK syllabi and are presented in a clear and distinctive content with up-to-date information. These features make this book a very good option for learners to continue to advance their level of Chinese and to experience the joy that comes with communicating in Chinese. A journey of a thousand miles begins with a single step, let us fully enjoy the pleasure of learning Chinese together!

The Author
August, 2021

目录 Contents

课文 Lesson	页码 Page	词语 Words / Phrases	
1 欢迎你回到北京 Welcome back to Beijing	1	久、接、只、条、裙子、冬天、啊、特别、洗手间、换、种、饮料、结束	
2 你的房间真干净啊 Your room is really clean	10	干净、认真、地、打扫、当然、把、空调、冰箱、方便、站、发电子邮件、留学、图书馆、地图、带、层、锻炼、见面、自己、向、环境	
3 以后会越来越忙的 We will get busier and busier	19	遇到、*寒假、越、聪明、*学期、成绩、一直、努力、一共、*节、一定、发现、班、位、口、爷爷、奶奶、相信、兴趣、爱好、比较、容易、了解、画、跟	
4 先去书店还是超市 Are we going to the bookshop or to the supermarket first	27	着急、东边、还是、担心、放心、用、超市、先、拿、骑、自行车、其实、校车、花（时间、钱）、舒服、免费、然后、笔记本、裤子、公斤、双、皮鞋、衬衫、帽子	
5 你应该注意多穿点儿衣服 You should have paid attention to wear more clothes	36	鼻子、发烧、办法、应该、马上、照顾、请假、检查、又、*挂号、楼、影响、需要、教、突然、疼、感冒、季节、注意、*春捂秋冻、春天、夏天、*打针、*最好、害怕、如果、记得	

语法点
Language Points

1. 副词"只"：The adverb "只"
2. 量词"条"：The measure word "条"
3. 量词"种"和"斤"：The measure words "种" and "斤"
4. 连词"那"：The conjunction "那"
5. 连动句：Sentences with verbal constructions in series

1. 副词"不要"：The adverb "不要"
2. 助词"地"：The particle "地"
3. 助词"着"：The particle "着"
4. "把"字句：The 把-sentence

1. 副词"一定"：The adverb "一定"
2. "越来越"：The fixed structure "越来越"
3. 助动词"会"：The auxiliary verb "会"
4. 副词"一直"：The adverb "一直"

1. 连词"还是"：The conjunction "还是"
2. "又……又……"：The structure "又……又……"
3. 可能补语"动词+得/不+补语"：The potential complement: "verb+ 得/不 + complement"
4. 疑问代词活用：The flexible use of interrogative pronouns

1. 助动词"应该"：The auxiliary verb "应该"
2. "先……，再……"：The structure "先……，再……"
3. "如果……，就……"：The structure "如果……，就……"

HSK 标准会话教程 3
Standard Conversational Course 3

课文 Lesson	页码 Page	词语 Words / Phrases
6 不到长城非好汉 He who doesn't reach the Great Wall is not a true man	**45**	周末、打算、一样、*不到长城非好汉、*爬、段、不但……而且……、*保护、地方、*不见不散、查、历史、东、西、南、北、以前、必须、经过、地名、*特点、关系、或者、*城门、有名、*必经之地、树、*空气、新鲜、石碑、*拍 *八达岭长城、*万里长城、*西直门
7 今天和历史几乎一样 The present is almost the same as the past	**54**	几乎、只有……才、明白、过去、*发达、*糊涂、*镜子、别人、被、关心、同意、最后、重要、解决、认为、清楚、忘记
8 他们再也没回来过 They never came back again	**63**	除了、城市、机会、文化、讲、长、老家、终于、后来、照片、草、木、放假、*母亲、世界、故事、变化 黄河
9 天天锻炼身体好 Daily exercise keeps us healthy	**71**	刚才、生气、最近、总是、才、健康、阿姨、爬山、经常、老年、年轻、游戏
10 祝你生日快乐 Happy birthday to you	**78**	过（生日）、礼物、蛋糕、花、*朵、*美丽、像、*首、习惯、*感谢 *茉莉花
11 哪有时间去看电影啊 How can I find time to go to the cinema	**85**	电影院、借、还、结婚、银行

12

语法点
Language Points

1. 连词"或者"：The conjunction "或者"
2. "不但……，而且……"：The structure "不但……，而且……"
3. 紧缩句：Contracted sentences

1. "A和B一样……"：The structure "A和B一样……"
2. 条件复句"只有A，才B"：The conditional sentence "只有A，才B"
3. "被"字句：The 被-sentence

1. "除了A以外，还B"：The structure "除了A以外，还B"
2. "再也没+动词"：The structure "再也没 + verb"
3. 副词"又"：The adverb "又"

1. 副词"才"：The adverb "才"
2. 时间名词"刚才"：The time noun "刚才"
3. "一A就B"：The contracted sentence "一A就B"

1. "好+动词"：The structure "好 + verb"
2. "在……以前"：The structure "在……以前"
3. "像……一样"：The structure "像……一样"

1. 用"哪儿"的反问句：Rhetorical questions with "哪儿"
2. "不是A，而是B"：The structure "不是A，而是B"
3. "一点儿+名词+也/都不/没+动词"：The structure "一点儿 +noun + 也/都不/没 + verb"

HSK 标准会话教程 3
Standard Conversational Course 3

课文 Lesson	页码 Page	词语 Words / Phrases
12 这本书好看极了 This book is super interesting	**92**	练习、留学生、*晚会、节目、就、极、敢、刻、行李箱、老人家、*表演、放（下电话）、帮忙
13 只要努力就能成功 You will succeed as long as you work hard	**100**	为、*举办、*作文、比赛、参加、要求、简单、难过、为了、*只要、*结果、*佳、*取得、主要、*成功、根据
14 和你的名字有点儿像 It sounds a bit like your name	**108**	*明星、聊天、*坐班、上网、刮风、春、夏、秋
15 把时间花在运动上 Spend time on exercising	**115**	差、忘、离开、*安排、体育、*活动、邻居、愿意、选择、更、才、*生活、奇怪
16 我一点儿也不担心考试 I don't worry about exams at all	**123**	复习、提高、*听力、*阅读、*遍、关于、新闻、出名、*拼音
词汇总表　Vocabulary	**131**	

语法点
Language Points

1. 兼语句：Pivotal sentences
2. 程度补语"极了"：The complement of degree "极了"
3. 助动词"敢"：The auxiliary verb "敢"

1. 介词"为"：The preposition "为"
2. 介词"为了"：The preposition "为了"
3. 假设复句"只要A，就B"：The hypothetical sentence "只要A, 就B"

1. "和……有点儿像"：The structure "和……有点儿像"
2. "A的话，就B"：The structure "A的话，就B"
3. "一边A，一边B"：The structure "一边A，一边B"

1. "越A越B"：The structure "越A越B"
2. 副词"更"：The adverb "更"
3. "把"字句：The 把-sentence
4. 助动词"愿意"：The auxiliary verb "愿意"

1. "A一点儿也/都不/没"：The structure "A一点儿也/都不/没"
2. "A没有B那么+形容词"：The structure "A没有B那么 + adjective"
3. 动量词"遍"：The verbal measure word "遍"

书中主人公是两名在中国学习中文的留学生。书中内容以其在中国生活与学习的亲身经历为主线。

The main characters in the book are two international students studying Chinese in China. The stories in the book revolve around their personal experiences living and studying in China.

大卫，男，英国人，预科生，准备在中国一所大学读中国历史。
David, male, British, preparatory course student, preparing to study a major in Chinese History at a university in China.

莎莉，女，来自墨西哥，大卫的同学。
Sally, female, from Mexico, David's classmate.

另外，本书还有两个人经常出现在主人公的生活中。她们是：
In addition, there are two more people who often appear in the main characters' lives. They are:

优子，女，日本人，来中国留学的新生，大卫和莎莉的新同学。
Yuuko, female, Japanese, new international student in China, David and Sally's new classmate.

王华，女，大卫的中文老师。
Wang Hua, female, David's Chinese language teacher.

Lesson One

Huānyíng nǐ huídào Běijīng
欢迎你回到北京
Welcome back to Beijing

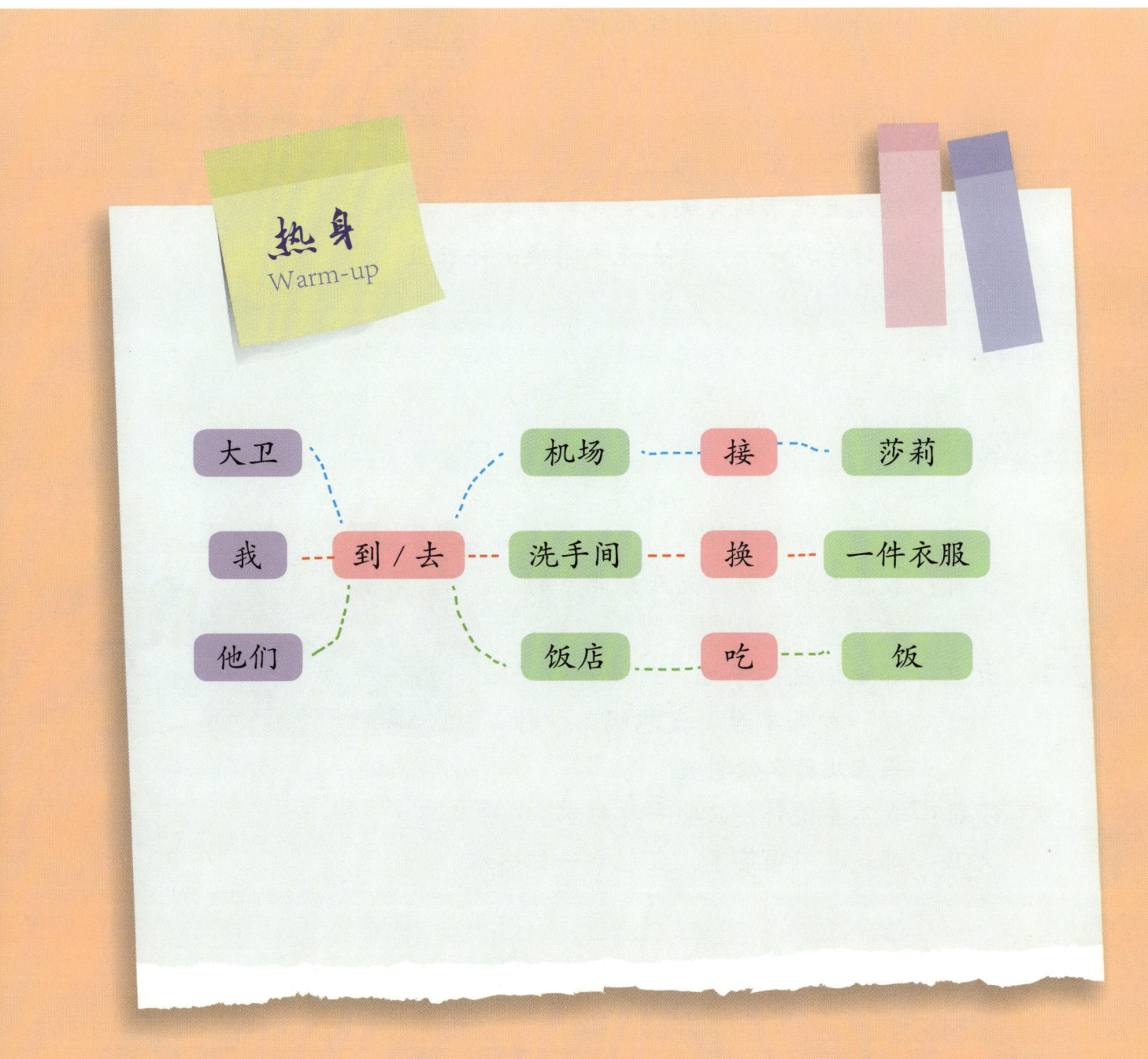

课文 Text

课文 1 01-1

大卫：你好，莎莉，好久不见了。欢迎你回到北京。
莎莉：你好，大卫。谢谢你来接我。
大卫：你怎么只穿了一条裙子啊？别忘了这是北京的冬天啊！
莎莉：这几天北京很冷吗？
大卫：这几天北京刮大风，天气特别冷。
莎莉：那你等我一下，我去洗手间换一件衣服。

课文 2 01-2

大卫：莎莉，你想吃什么？
莎莉：我在家的时候，天天想北京的饺子。
大卫：那咱们吃饺子吧。这两种饺子每一种来半斤。我想喝茶。你喝点儿什么饮料呢？
莎莉：我不要饮料，只要一杯热水。
大卫：那我也不喝茶了，我也要一杯热水。

课文 3 01-3

寒假结束了,大卫到机场接莎莉。大卫看莎莉只穿了一条裙子,就告诉她多穿点儿衣服,因为这几天北京天气很冷,风特别大,比墨西哥冷多了。

回到学校后,他们一起去饭店吃饭。他们每人吃了一盘饺子。吃过饭以后,大卫送莎莉回到了她的房间。莎莉非常感谢大卫的帮助。

课文拼音 Texts in Pinyin

课文 1 Dàwèi: Nǐhǎo, Shālì, hǎojiǔ bú jiàn le. Huānyíng nǐ huídào Běijīng.
　　　　Shālì: Nǐhǎo, Dàwèi. Xièxie nǐ lái jiē wǒ.
　　　　Dàwèi: Nǐ zěnme zhǐ chuānle yì tiáo qúnzi a? Bié wàngle zhè shì Běijīng de dōngtiān a!
　　　　Shālì: Zhè jǐ tiān Běijīng hěn lěng ma?
　　　　Dàwèi: Zhè jǐ tiān Běijīng guā dàfēng, tiānqì tèbié lěng.
　　　　Shālì: Nà nǐ děng wǒ yíxià, wǒ qù xǐshǒujiān huàn yí jiàn yīfu.

课文 2 Dàwèi: Shālì, nǐ xiǎng chī shénme?
　　　　Shālì: Wǒ zài jiā de shíhou, tiāntiān xiǎng Běijīng de jiǎozi.
　　　　Dàwèi: Nà zánmen chī jiǎozi ba. Zhè liǎng zhǒng jiǎozi měi yì zhǒng lái bàn jīn. Wǒ xiǎng hē chá. Nǐ hē diǎnr shénme yǐnliào ne?
　　　　Shālì: Wǒ bú yào yǐnliào, zhǐ yào yì bēi rè shuǐ.
　　　　Dàwèi: Nà wǒ yě bù hē chá le, wǒ yě yào yì bēi rè shuǐ.

课文 3　　Hán jià jiéshù le, Dàwèi dào jīchǎng jiē Shālì. Dàwèi kàn Shālì zhǐ chuānle yì tiáo qúnzi, jiù gàosu tā duō chuān diǎnr yīfu, yīnwèi zhè jǐ tiān Běijīng tiānqì hěn lěng, fēng tèbié dà, bǐ Mòxīgē lěng duō le.
　　　　Huídào xuéxiào hòu, tāmen yìqǐ qù fàndiàn chī fàn. Tāmen měi rén chīle yì pán jiǎozi. Chīguo fàn yǐhòu, Dàwèi sòng Shālì huídàole tā de fángjiān. Shālì fēicháng gǎnxiè Dàwèi de bāngzhù.

HSK 标准会话教程 3
Standard Conversational Course 3

生词 New Words

久	jiǔ	adj.	for a long time, long
接	jiē	v.	to meet sb. (at a designated place and time); to pick sb. up
只	zhǐ	adv.	only, solely
条	tiáo	m.	*used with pants, dresses, etc.*
裙子	qúnzi	n.	dress, skirt
冬天	dōngtiān	n.	winter
啊	a	part.	*used at the end of the sentence to indicate confirmation or surprise*
特别	tèbié	adv.	especially, particularly
洗手间	xǐshǒujiān	n.	bathroom, restroom
换	huàn	v.	to change, to substitute
种	zhǒng	m.	kind, type
饮料	yǐnliào	n.	drink, beverage
结束	jiéshù	v.	to end, to finish

语法点 Language Points

1 副词"只":用在动词前,表示限定一个小的范围。例如:
The adverb "只" is used in front of the verb to indicate a small quantity or amount. For example:

他在商店只买了一个苹果。
He bought only one apple at the store.
我只要一杯热水。
I'll just have a glass of hot water.
他昨天只睡了三个小时,所以今天上午很累。
He only slept for three hours yesterday, so he felt very tired this morning.

2 量词"条":量词丰富是现代汉语语法的重要特点之一。"条"常用于细长的东西。例如:
The measure word "条": One of the most important characteristics of modern Chinese

欢迎你回到北京 **1**
Welcome back to Beijing

is the abundance of measure words. The measure word "条" is used with objects that are long and thin. For example:

一条裤子
a pair of pants
一条路
a road
三条地铁线
three subway lines

3 量词"种"和"斤"
The measure words "种" and "斤"

（1）种：量词，表示种类，表示事物，也可以表示人。例如：
"种" is a measure word referring to types or kinds of things or people. For example:
这里有三种颜色的苹果，红的、黄的、绿的。
These apples come in three kinds of colors, red, yellow, and green.
这种牛奶好喝，那种牛奶不好喝。
This kind of milk is tasty, that one isn't.
这种花喜欢太阳。
This type of flower likes the sunshine.

（2）斤：量词，表示重量，是中国特有的一个单位，1斤等于500克。例如：
"斤" is a measure word indicating a weight equivalent to 500 grams. It is a unit of measure unique to China. For example:
我要一斤饺子。
I want one *Jin* of dumplings.
他买了二斤苹果。
He bought two *Jin* of apples.
一斤鸡蛋五块钱。
One *Jin* of eggs is 5 yuan.

4 连词"那"：用在句首，引出顺着上文或前一个人的意思得出的一个结论。例如：
The conjunction "那" can be used at the beginning of the sentence to indicate that the sentence is a conclusion made by the speaker based on what the previous speaker said. For example:

A：我想吃饺子。

A：I want to eat dumplings.

B：那我也吃饺子。

B：Then I'll have dumplings too.

A：睡午觉对身体好。

A：Sleeping at noon is good for our health.

B：那我也睡一会儿。

B：I'll take a nap too then.

A：这些苹果真便宜。

A：These apples are really cheap.

B：那我们买一点儿吧。

B：So let's buy some.

5 连动句：谓语中包含两个或两个以上的动词，在动词短语中间没有停顿，也没有关联词语，两个短语共用一个主语，这样的句子叫连动句。连动句的类型多种多样，其中有一种是，后一个动词短语表示的动作行为是前一个动词短语表示的动作的目的。例如：

A sentence in which the predicate contains two or more verbs, there is no pause nor connector within the verb phrase, and the two verbs use the same subject, is called a sentence with verbal constructions in series. Sentences with verbal constructions in series are very diverse, one type being the following: the action expressed by the succeeding verb phrase is the purpose of the action expressed by the preceding verb phrase. For example:

我去洗手间换一件衣服。（"换衣服"是"去洗手间"的目的）

I'm going to the restroom to change my clothes. ("to change my clothes" is the purpose of "going to the restroom")

我们去商店买东西。（"买东西"是"去商店"的目的）

We are going to the store to buy stuff. ("to buy stuff" is the purpose of "going to the store")

大卫到机场接莎莉。（"接莎莉"是"到机场"的目的）

David went to the airport to pick Sally up. ("to pick Sally up" is the purpose of "went to the airport")

欢迎你回到北京 **1**
Welcome back to Beijing

练习 Drills

听力练习 Listening Drills

1 听对话，选择正确图片。 🎧 01-4
Listen to the conversations and choose the correct pictures.

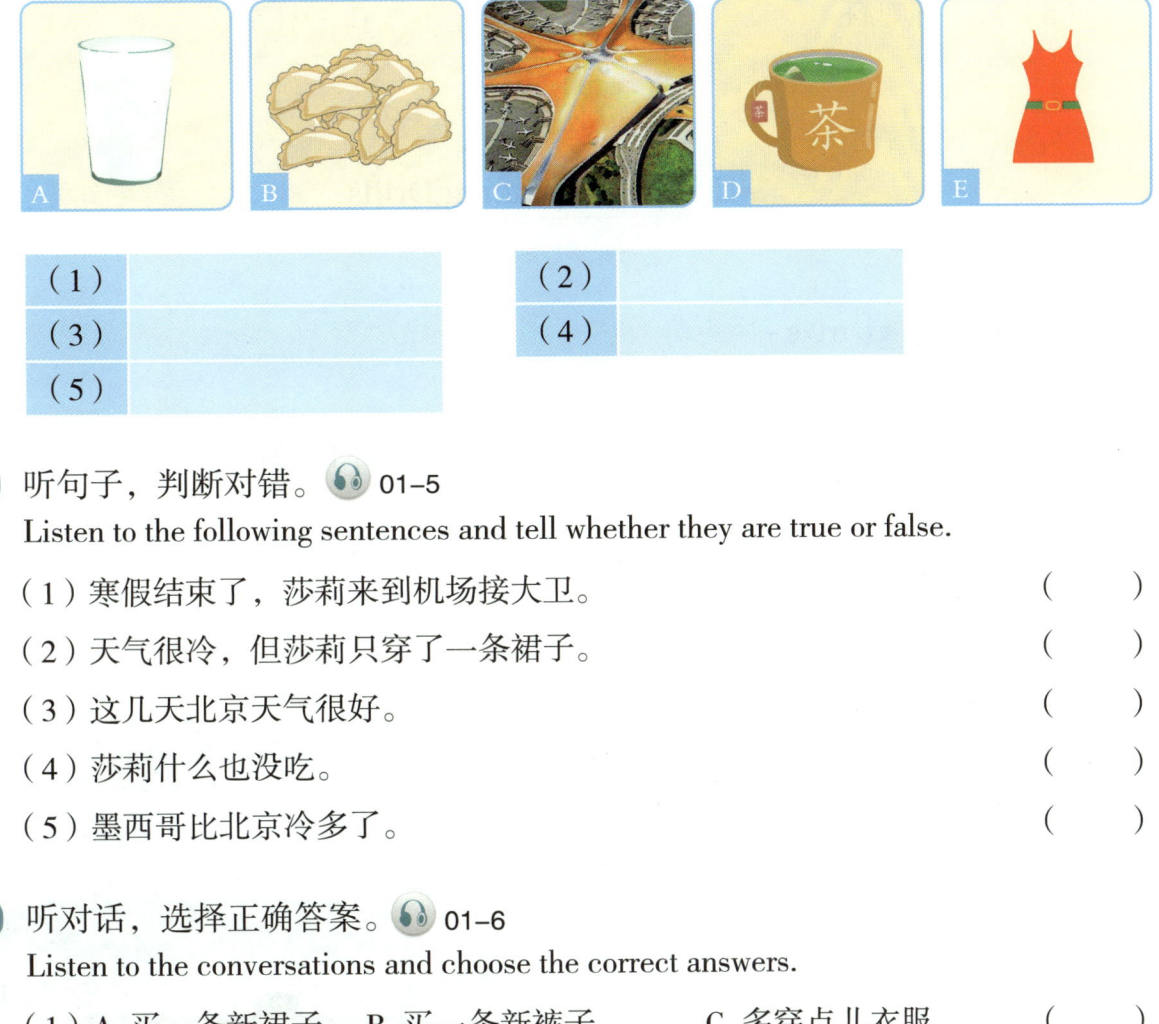

（1）	
（3）	
（5）	

（2）	
（4）	

2 听句子，判断对错。🎧 01-5
Listen to the following sentences and tell whether they are true or false.

（1）寒假结束了，莎莉来到机场接大卫。　　　　　　　　　　（　　）

（2）天气很冷，但莎莉只穿了一条裙子。　　　　　　　　　　（　　）

（3）这几天北京天气很好。　　　　　　　　　　　　　　　　（　　）

（4）莎莉什么也没吃。　　　　　　　　　　　　　　　　　　（　　）

（5）墨西哥比北京冷多了。　　　　　　　　　　　　　　　　（　　）

3 听对话，选择正确答案。🎧 01-6
Listen to the conversations and choose the correct answers.

（1）A. 买一条新裙子　　B. 买一条新裤子　　　C. 多穿点儿衣服　　（　　）

（2）A. 让男的多穿点儿衣服　　B. 让男的少穿点儿衣服　　C. 她不冷　（　　）

（3）A. 一本书　　　　　B. 一个杯子　　　　　C. 一瓶水　　　　（　　）

（4）A. 饮料　　　　　　B. 手机　　　　　　　C. 朋友　　　　　（　　）

（5）A. 司机　　　　　　B. 教师　　　　　　　C. 服务员　　　　（　　）

4 听对话，选择正确答案。 🎧 01-7

Listen to the conversations and choose the correct answers.

（1）A. 女的穿得太少了　　B. 女的穿得很漂亮　　C. 北京很大　　　（　）

（2）A. 米饭　　　　　　　B. 面条　　　　　　　C. 饺子　　　　（　）

（3）A. 上班　　　　　　　B. 上课　　　　　　　C. 看电影　　　（　）

（4）A. 一条裤子　　　　　B. 一件衬衣　　　　　C. 一双鞋　　　（　）

（5）A. 一杯啤酒　　　　　B. 一瓶水　　　　　　C. 一杯茶　　　（　）

口语练习 Speaking Drills

5 听后重复。 🎧 01-8

Listen and repeat.

（1）_____

（2）_____

（3）_____

（4）_____

（5）_____

6 看图说话。

Look and say.

（1）_____

（2）_____

7 回答问题。
Answer the questions.

（1）你喜欢吃饺子吗？

_____

（2）你上一次坐飞机是什么时候？有人接你吗？

_____

Lesson Two

Nǐ de fángjiān zhēn gānjìng a
你的房间真干净啊
Your room is really clean

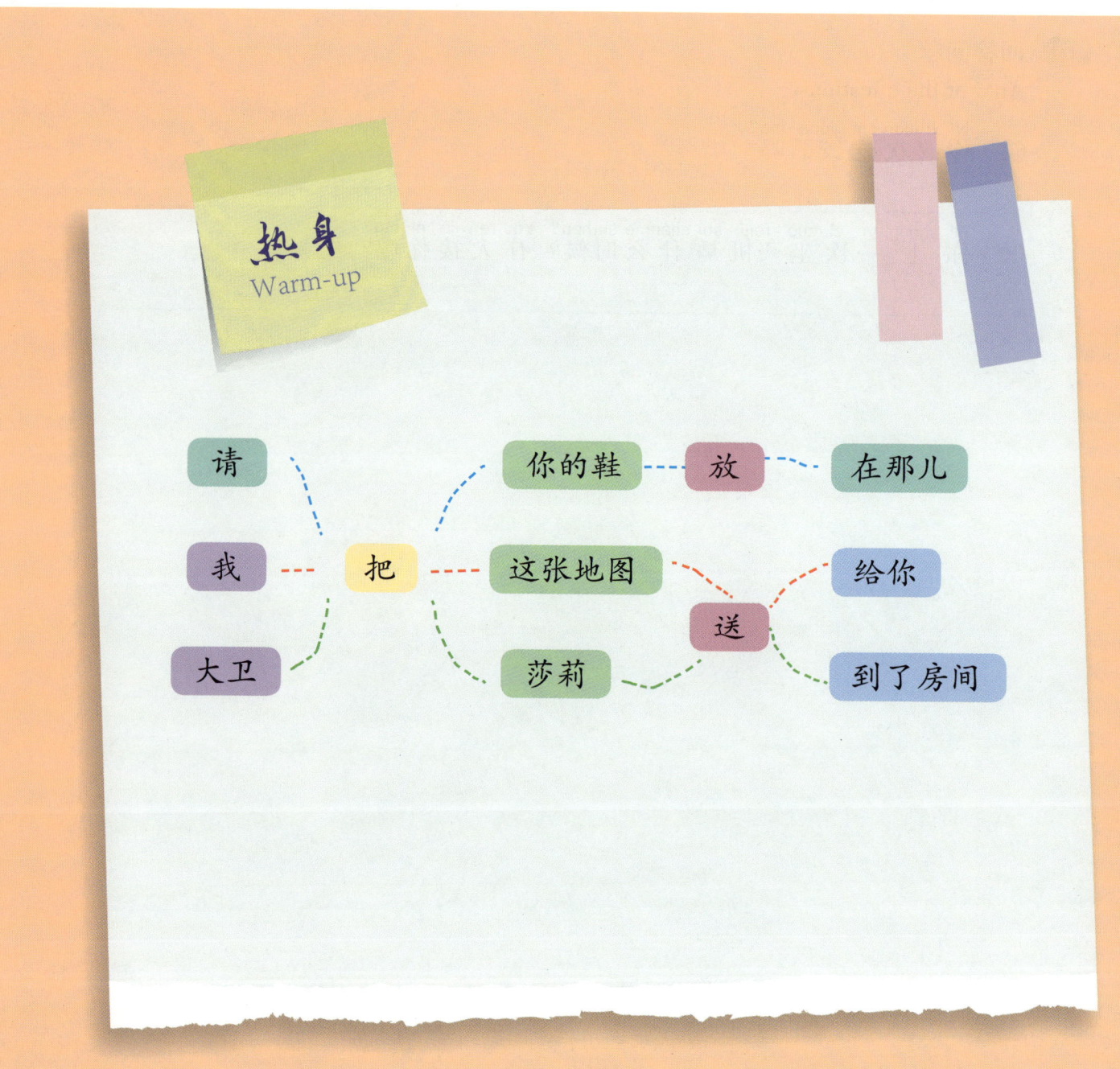

课文 Text

课文 1 02-1

大卫：莎莉，你的房间真干净啊！
莎莉：服务员每天都很认真地打扫，当然干净了。请把你的鞋放在那儿。
大卫：谢谢。这个房间真不错，有空调、冰箱、电视，还有一个洗手间。
莎莉：对啊，很方便。你不要站着，快请坐。我给妈妈发个电子邮件，告诉她我到学校了。
大卫：你的房间住几个人？
莎莉：这个房间还有一个人，我还没见过她。

课文 2 02-2

优子：您好！您是莎莉吧？我叫优子，日本人。认识您真高兴啊！
莎莉：你好，不要那么客气地说"您"了。我是莎莉，来自墨西哥。你是新生吗？
优子：我是新生，第一次来中国留学。这个学校很大，你知道图书馆怎么走吗？
莎莉：这里有一张学校的地图，我把它送给你。你出门的时候可以带着这张地图。这是图书馆，可以去二层、三层和五层学习；那是运动场，早上和晚上可以去那儿锻炼。

课文 3 02-3

大卫把莎莉送到了房间。莎莉的房间非常干净，因为服务员每天都打扫。房间里有空调、冰箱、电视，有一个洗手间。

莎莉给妈妈发了一个电子邮件，告诉妈妈自己已经到学校了。

今天莎莉和优子是第一次见面。优子是日本人，非常客气。优子是第一次来中国留学。莎莉把自己的地图送给了她，还向她介绍了学校的环境。

课文拼音 Texts in Pinyin

课文 1
Dàwèi: Shālì, nǐ de fángjiān zhēn gānjìng a!
Shālì: Fúwùyuán měi tiān dōu hěn rènzhēn de dǎsǎo, dāngrán gānjìng le. Qǐng bǎ nǐ de xié fàng zài nàr.
Dàwèi: Xièxie. Zhège fángjiān zhēn búcuò, yǒu kōngtiáo, bīngxiāng, diànshì, hái yǒu yí gè xǐshǒujiān.
Shālì: Duì a, hěn fāngbiàn. Nǐ bú yào zhànzhe, kuài qǐng zuò. Wǒ gěi māma fā gè diànzǐ yóujiàn, gàosu tā wǒ dào xuéxiào le.
Dàwèi: Nǐ de fángjiān zhù jǐ gè rén?
Shālì: Zhège fángjiān hái yǒu yí gè rén, wǒ hái méi jiànguo tā.

课文 2
Yōuzǐ: Nínhǎo! Nín shì Shālì ba? Wǒ jiào Yōuzǐ, Rìběnrén. Rènshi nín zhēn gāoxìng a!
Shālì: Nǐhǎo, búyào nàme kèqi de shuō "nín" le. Wǒ shì Shālì, láizì Mòxīgē. Nǐ shì xīnshēng ma?
Yōuzǐ: Wǒ shì xīnshēng, dì-yī cì lái Zhōngguó liúxué. Zhège xuéxiào hěn dà, nǐ zhīdào túshūguǎn zěnme zǒu ma?
Shālì: Zhèli yǒu yì zhāng xuéxiào de dìtú, wǒ bǎ tā sònggěi nǐ. Nǐ chūmén de shíhou kěyǐ dàizhe zhè zhāng dìtú. Zhè shì túshūguǎn, kěyǐ qù èr céng, sān céng hé wǔ céng xuéxí; Nà shì yùndòngchǎng, zǎoshang hé wǎnshang kěyǐ qù nàr duànliàn.

你的房间真干净啊 2
Your room is really clean

课文 3 Dàwèi bǎ Shālì sòngdàole fángjiān. Shālì de fángjiān fēicháng gānjìng, yīnwèi fúwùyuán měi tiān dōu dǎsǎo. Fángjiān li yǒu kōngtiáo, bīngxiāng, diànshì, yǒu yí gè xǐshǒujiān.

Shālì gěi māma fāle yí gè diànzǐ yóujiàn, gàosu māma zìjǐ yǐjīng dào xuéxiào le.

Jīntiān Shālì hé Yōuzǐ shì dì-yī cì jiànmiàn. Yōuzǐ shì Rìběnrén, fēicháng kèqi. Yōuzǐ shì dì-yī cì lái Zhōngguó liúxué. Shālì bǎ zìjǐ de dìtú sònggěile tā, hái xiàng tā jièshàole xuéxiào de huánjìng.

生词 New Words

干净	gānjìng	adj.	clean
认真	rènzhēn	adj.	serious, earnest
地	de	part.	*used to connect an adverbial modifier and the verb it modifies*
打扫	dǎsǎo	v.	to clean, to sweep
当然	dāngrán	adv.	of course
把	bǎ	prep.	*used to advance the object of a verb to the position before it*
空调	kōngtiáo	n.	air conditioner
冰箱	bīngxiāng	n.	refrigerator
方便	fāngbiàn	adj.	convenient
站	zhàn	v.	to stand
发	fā	v.	to send
电子邮件	diànzǐ yóujiàn		e-mail
留学	liúxué	v.	to study abroad
图书馆	túshūguǎn	n.	library
地图	dìtú	n.	map
带	dài	v.	to take along, to bring
层	céng	m.	*used with building floors*
锻炼	duànliàn	v.	to do physical exercise
见面	jiànmiàn	v.	to meet

续表

自己	zìjǐ	pron.	oneself, one's own
向	xiàng	prep.	towards
环境	huánjìng	n.	environment

语法点 Language Points

1. 副词"不要":表示禁止、劝阻或建议。例如:
"不要" is an adverb commonly used to advise others not to do something or to prohibit and dissuade. For example:

你不要长时间看手机,这样对眼睛不好。(劝阻)
Don't stare at your cellphone for too long, it's not good for your eyes. (dissuade)
不要大声说话。(禁止)
No loud talking. (forbid)
外面下雨呢,你不要回家了,就住在我家吧。(建议)
It's raining outside, don't go back home, just stay here at my place. (recommend)

2. 助词"地":表示它前边的词或词组是状语,修饰后面的动词性或形容词性成分。例如:
"地" acts as a particle in the sentence. It indicates that the word or phrase preceding it is an adverbial adjunct and it modifies the verbal or adjectival components following it. For example:

天气慢慢地冷了。
The weather has gradually become colder.
他高兴地笑了。
He smiled happily.
汽车在路上慢慢地开着。
The car is slowly going on the road.

3. 助词"着":放在动词的后面,构成"动词+着"结构,可以表示存在或状态的持续。例如:
The particle "着" is placed right after the verb to form the structure "verb + 着", which can express the continuity of a state. For example:

门口停着一辆自行车。（表示存在）
There's a bike parked at the door. (It expresses existence)
桌子上放着一本书。（表示存在）
There's a book on the desk. (It expresses existence)
外面下着雨。（表示状态的持续）
It's raining outside. (It expresses the continuity of a state)

4 "把"字句：中文里用"把"字句表示对人或事物的处理，结果可能是人或事物发生了某种变化，也可能是它们的位置发生了移动。

In Chinese, the 把-sentence express handling of some sort of people or things, resulting in the people or things undergoing a change or shifting their position.

"A 把 B + 动词 +……"是"把"字句的基本结构。一般的"把"字句主要有如下几个特点：

"A 把 B + verb +……" is the typical 把-sentence structure. Common 把-sentence present the following main features:

第一，"把"字句中动词常常是含有处置意义的及物动词。A 是动作的发出者，B 是动词的处置对象。例如：

First, the verb in a 把-sentence is generally a transitive verb which indicates handling or disposing of some sort. A is the initiator of the action, whereas B is target of the verb. For example:

他把衣服洗干净了。
He washed the clothes.

第二，B 是确定的，或者说话双方都知道的。例如：
Second, B is always defined or known by both the speakers. For example:
请把你的鞋给我。
Please pass me your shoes.
我把它（地图）送给你。
I give it (the map) to you.
大卫把莎莉送到了房间。
David walked Sally to her room.

HSK 标准会话教程 3
Standard Conversational Course 3

练习 Drills

听力练习 Listening Drills

1 听对话，选择正确图片。 🎧 02-4
Listen to the conversations and choose the correct pictures.

| A | B | C | D | E |

（1）		（2）	
（3）		（4）	
（5）			

2 听句子，判断对错。 🎧 02-5
Listen to the following sentences and tell whether they are true or false.

（1）莎莉的房间非常干净。　　　　　　　　　　　　　　　（　　）

（2）莎莉的房间里没有洗手间。　　　　　　　　　　　　　（　　）

（3）莎莉打算给妈妈打个电话。　　　　　　　　　　　　　（　　）

（4）优子来过中国很多次。　　　　　　　　　　　　　　　（　　）

（5）莎莉送给优子一本词典。　　　　　　　　　　　　　　（　　）

3 听对话，选择正确答案。 🎧 02-6
Listen to the conversations and choose the correct answers.

（1）A. 应该打扫一下　　　B. 房间很干净　　　C. 房间很大　　　（　　）

（2）A. 不错　　　　　　　B. 不好　　　　　　C. 不太干净　　　（　　）

（3）A. 不喜欢　　　　　　B. 很不喜欢　　　　C. 很喜欢　　　　（　　）

（4）A. 很不认真　　　　　B. 很认真　　　　　C. 不太认真　　　（　　）

（5）A. 男的　　　　　　　B. 女的　　　　　　C. 两个人一起　　（　　）

4 听对话，选择正确答案。 🎧 02-7

Listen to the conversations and choose the correct answers.

（1）A. 饺子　　　　B. 面条　　　　　C. 米饭　　　　　　（　　）

（2）A. 很漂亮　　　 B. 不漂亮　　　　C. 最漂亮　　　　　（　　）

（3）A. 早点儿睡觉　 B. 早点儿吃饭　　C. 早点儿起床　　　（　　）

（4）A. 学校附近　　 B. 学校东边　　　C. 学校里　　　　　（　　）

（5）A. 商店很远　　 B. 不能去了　　　C. 可以去　　　　　（　　）

口语练习 Speaking Drills

5 听后重复。 🎧 02-8

Listen and repeat.

（1）_____

（2）_____

（3）_____

（4）_____

（5）_____

6 看图说话。

Look and say.

（1）_____

_____

_____

_____

（2）_____

7 回答问题。
Answer the questions.

(1) Nǐ de fángjiān li dōu yǒu shénme?
你的 房间 里 都 有 什么？

(2) Shuōshuo nǐ de xuéxiào.
说说 你的 学校。

Lesson Three

Yǐhòu huì yuè lái yuè máng de
以后会越来越忙的
We will get busier and busier

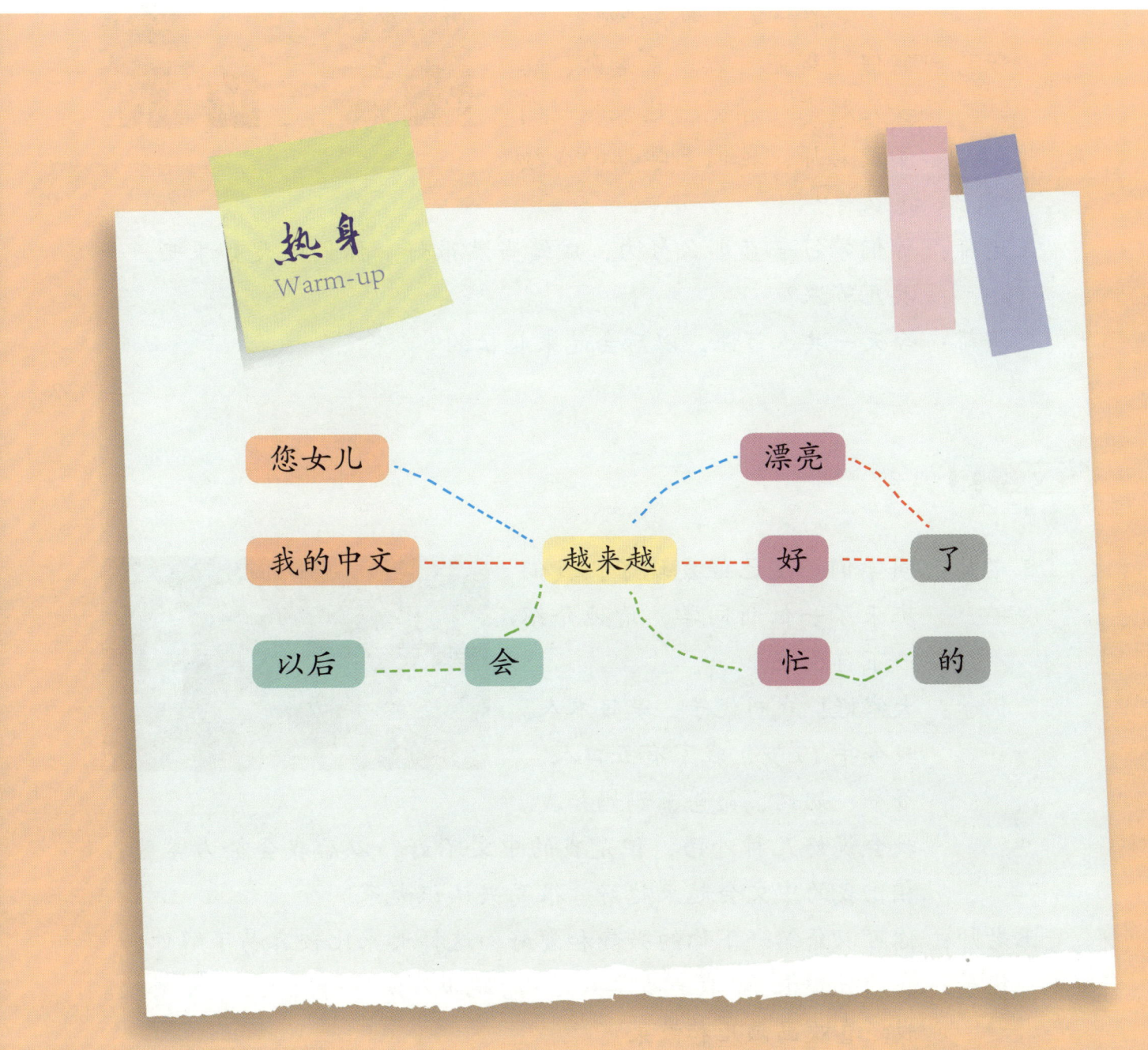

课文 Text

课文 1 03-1

莎莉：王老师好！

王老师：你们好！没想到在这儿遇到你们。寒假一定过得不错吧？

莎莉：寒假过得还可以。王老师，您女儿越来越漂亮、越来越聪明了。老师，我们上学期的成绩怎么样？

王老师：你们学习一直那么努力，成绩当然很好。你们今天有课吧，一共几节课？

莎莉：今天一共八节课，以后会越来越忙的。

课文 2 03-2

王老师：同学们一定已经发现了，我们班来了一位新同学，请她介绍一下自己吧。

优子：大家好！我叫优子，是日本人。我今年19岁，我家有五口人，爷爷、奶奶、爸爸、妈妈和我。我会说好几种外语，但是我的中文不好，以后我会努力学习，相信我的中文会越来越好。很高兴认识大家。

王老师：你可以介绍一下你的兴趣和爱好，这样大家比较容易了解你。

优子：我的兴趣很多。我一直喜欢运动。跑步和游泳什么的，我都喜欢。我还喜欢画画儿和做菜。

以后会越来越忙的
We will get busier and busier 3

课文 3 03-3

上学期大卫和莎莉学习一直很努力，成绩很好。这个学期他们有很多课。

昨天在路上，莎莉遇到了王老师和她的女儿。一个多月没见，王老师的女儿越来越漂亮了。

今天是第一天上课。优子跟大卫、莎莉是一个班。她向大家介绍了自己的兴趣和爱好，她希望能跟大家做好朋友，也希望自己的中文越来越好。

课文拼音 Texts in Pinyin

课文 1
    Shālì: Wáng lǎoshī hǎo!
Wáng lǎoshī: Nǐmen hǎo! Méi xiǎngdào zài zhèr yùdào nǐmen. Hánjià yídìng guò de búcuò ba?
    Shālì: Hánjià guò de hái kěyǐ. Wáng lǎoshī, nín nǚ'er yuè lái yuè piàoliang, yuè lái yuè cōngmíng le. Lǎoshī, wǒmen shàng xuéqī de chéngjì zěnmeyàng?
Wáng lǎoshī: Nǐmen xuéxí yìzhí nàme nǔlì, chéngjì dāngrán hěn hǎo. Nǐmen jīntiān yǒu kè ba, yígòng jǐ jié kè?
    Shālì: Jīntiān yígòng bā jié kè, yǐhòu huì yuè lái yuè máng de.

课文 2
Wáng lǎoshī: Tóngxuémen yídìng yǐjīng fāxiàn le, wǒmen bān láile yí wèi xīn tóngxué, qǐng tā jièshào yí xià zìjǐ ba.
   Yōuzǐ: Dàjiā hǎo! Wǒ jiào Yōuzǐ, shì Rìběnrén. Wǒ jīnnián shíjiǔ suì, wǒ jiā yǒu wǔ kǒu rén, yéye, nǎinai, bàba, māma hé wǒ. Wǒ huì shuō hǎo jǐ zhǒng wàiyǔ, dànshì wǒ de Zhōngwén bù hǎo, yǐhòu wǒ huì nǔlì xuéxí, xiāngxìn wǒ de Zhōngwén huì yuè lái yuè hǎo. Hěn gāoxìng rènshi dàjiā.
Wáng lǎoshī: Nǐ kěyǐ jièshào yíxià nǐ de xìngqù hé àihào, zhèyàng dàjiā bǐjiào róngyì liǎojiě nǐ.
   Yōuzǐ: Wǒ de xìngqù hěn duō. Wǒ yìzhí xǐhuan yùndòng. Pǎobù hé yóuyǒng shénmede, wǒ dōu xǐhuan. Wǒ hái xǐhuan huà huàr hé zuò cài.

课文 3　　Shàng xuéqī Dàwèi hé Shālì xuéxí yìzhí hěn nǔlì, chéngjì hěn hǎo. Zhège xuéqī tāmen yǒu hěn duō kè.

　　Zuótiān zài lù shang, Shālì yùdàole Wáng lǎoshī hé tā de nǚ'er. Yí gè duō yuè méi jiàn, Wáng lǎoshī de nǚ'er yuè lái yuè piàoliang le.

　　Jīntiān shì dì-yī tiān shàngkè. Yōuzǐ gēn Dàwèi, Shālì shì yí gè bān. Tā xiàng dàjiā jièshàole zìjǐ de xìngqù hé àihào, tā xīwàng néng gēn dàjiā zuò hǎo péngyou, yě xīwàng zìjǐ de Zhōngwén yuè lái yuè hǎo.

生词 New Words

遇到	yùdào	v.	to run across, to run into
*寒假	hánjià	n.	winter vacation
越	yuè	adv.	the more… the more…
聪明	cōngmíng	adj.	clever, smart
*学期	xuéqī	n.	semester
成绩	chéngjì	n.	grade; result; achievement
一直	yìzhí	adv.	continuously, always, all along
努力	nǔlì	adj.	hard-working
一共	yígòng	adv.	in total
*节	jié	m.	*used with classes*
一定	yídìng	adv.	definitely, certainly
发现	fāxiàn	v.	to discover, to find out
班	bān	n.	class
位	wèi	m.	*used to refer to people in a respectful manner*
口	kǒu	m.	*used with family members*
爷爷	yéye	n.	(paternal) grandfather
奶奶	nǎinai	n.	(paternal) grandmother
相信	xiāngxìn	v.	to believe
兴趣	xìngqù	n.	interest
爱好	àihào	n.	hobby, interest

续表

比较	bǐjiào	adv.	fairly, rather
容易	róngyì	adj.	easy
了解	liǎojiě	v.	to understand, to comprehend
画	huà	v. / n.	to draw, to paint; drawing, painting
跟	gēn	prep.	with

语法点 Language Points

1 副词"一定":主语是"我"时表示自己的决心;主语是别人时,表示对别人行为的肯定或要求;主语是事物时可以表示肯定的推测。例如:

"一定" is an adverb that indicates something is firm, determined or certain. When the subject is oneself, it indicates one's own determination; when the subject is someone else, it indicates a demand or request; when the subject is a thing, it may express a guess. For example:

明天我一定去。
I will surely go tomorrow.
你明天一定要来。
You must come tomorrow.
这么好的东西,一定很贵吧?
This is so good, it must be very expensive?

2 "越来越":副词"越"叠用形成的固定结构,表示程度随着时间发展而逐渐加深。后面常常加性质形容词、表示心理活动的动词或者"有 + 抽象名词"短语。例如:

"越来越" is a fixed structure formed by duplicating the adverb "越". It indicates that the degree of something is rising as time goes by. The structure is commonly followed by qualitative adjectives, verbs expressing a mental state or event (psych verbs) or by the "有 + abstract noun" phrase. For example:

天气越来越热了。("热"为性质形容词)
The weather is hotter and hotter. ("热" is a qualitative adjective)
我们越来越喜欢北京了。("喜欢"为心理动词)
We like Beijing more and more. ("喜欢" is a psych verb)

他说话越来越有水平了。（"有水平"为"有 + 抽象名词"短语）
He speaks more and more skillfully. ("有水平" is a "有 +abstract noun" phrase)

3 助动词"会"：用在动词前，表示实现某种行为或愿望的可能性，用在还没发生的事情时，后面常加"的"，表示缓和的语气。例如：

"会" is an auxiliary verb used in front of the verb to express the possibility that a certain action or desire may be realized. It is used with things that haven't yet taken place and "的" is often placed at the end in order to soften the tone. For example:

明年我会回来看你的。

I will come back next year to visit you.

牛奶会有的。

There will be milk.

我没想到你会来。

I didn't think you would come.

4 副词"一直"：常常表示动作或状态始终不间断或不改变。例如：

The adverb "一直" is often used to indicate that an action has been going on uninterruptedly or that a state hasn't changed all along. For example:

我昨天晚上写作业一直写到十二点。

I was writing my homework last night up until midnight.

他工作一直很努力。

He is always working very hard.

雨一直下了一天一夜。

It has been raining nonstop the whole day and night.

练习 Drills

听力练习 Listening Drills

1 听对话，选择正确图片。 🎧 03-4

Listen to the conversations and choose the correct pictures.

以后会越来越忙的 3
We will get busier and busier

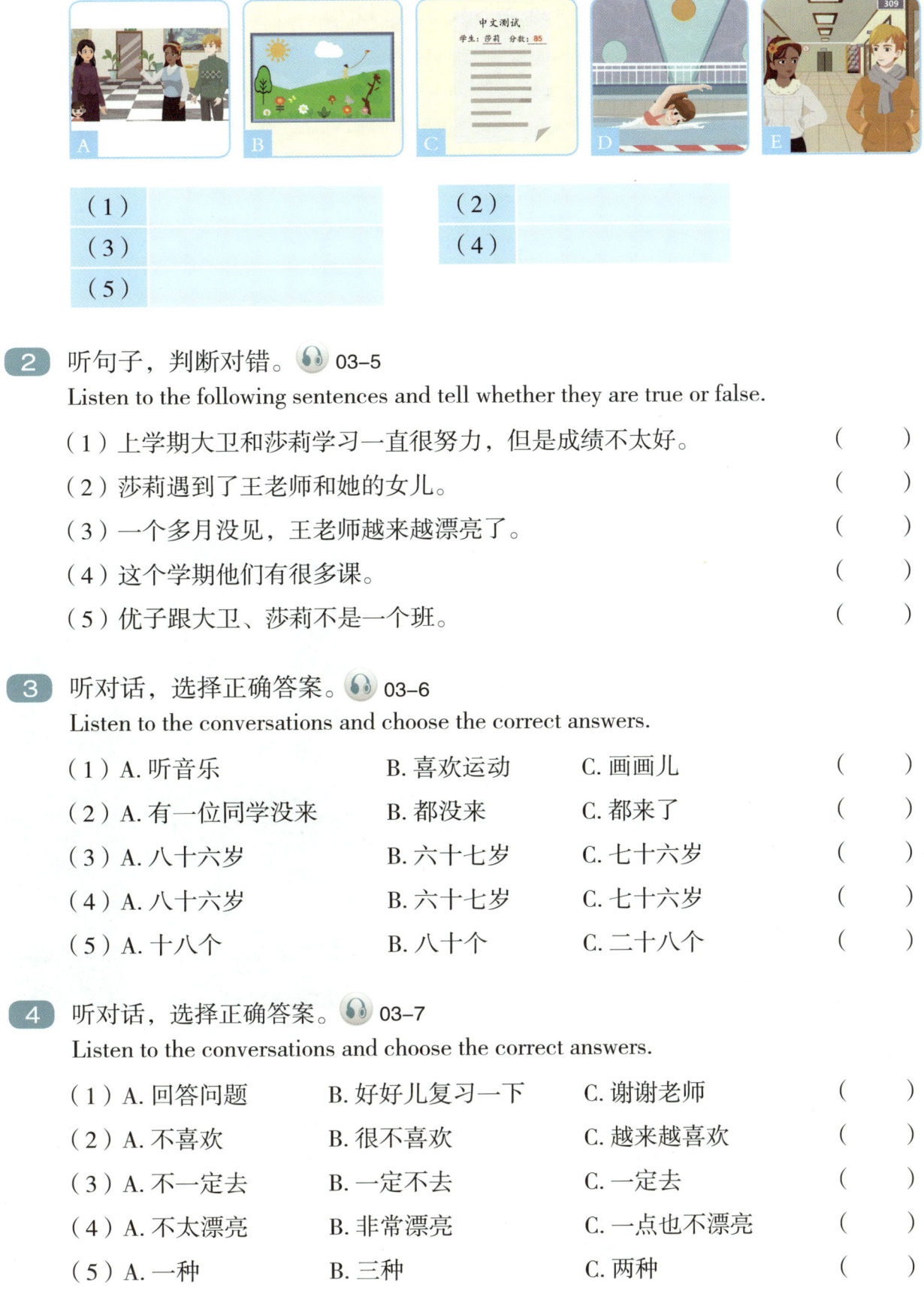

（1）_____ （2）_____
（3）_____ （4）_____
（5）_____

2 听句子，判断对错。 🎧 03-5

Listen to the following sentences and tell whether they are true or false.

（1）上学期大卫和莎莉学习一直很努力，但是成绩不太好。　　（　　）

（2）莎莉遇到了王老师和她的女儿。　　（　　）

（3）一个多月没见，王老师越来越漂亮了。　　（　　）

（4）这个学期他们有很多课。　　（　　）

（5）优子跟大卫、莎莉不是一个班。　　（　　）

3 听对话，选择正确答案。 🎧 03-6

Listen to the conversations and choose the correct answers.

（1）A. 听音乐　　　　B. 喜欢运动　　　　C. 画画儿　　（　　）

（2）A. 有一位同学没来　B. 都没来　　　　　C. 都来了　　（　　）

（3）A. 八十六岁　　　B. 六十七岁　　　　C. 七十六岁　　（　　）

（4）A. 八十六岁　　　B. 六十七岁　　　　C. 七十六岁　　（　　）

（5）A. 十八个　　　　B. 八十个　　　　　C. 二十八个　　（　　）

4 听对话，选择正确答案。 🎧 03-7

Listen to the conversations and choose the correct answers.

（1）A. 回答问题　　　B. 好好儿复习一下　　C. 谢谢老师　　（　　）

（2）A. 不喜欢　　　　B. 很不喜欢　　　　C. 越来越喜欢　　（　　）

（3）A. 不一定去　　　B. 一定不去　　　　C. 一定去　　（　　）

（4）A. 不太漂亮　　　B. 非常漂亮　　　　C. 一点也不漂亮　（　　）

（5）A. 一种　　　　　B. 三种　　　　　　C. 两种　　（　　）

口语练习 Speaking Drills

5 听后重复。 🎧 03-8
Listen and repeat.

（1）_____
（2）_____
（3）_____
（4）_____
（5）_____

6 看图说话。
Look and say.

（1）_____

（2）_____

7 回答问题。
Answer the questions.

（1）Nǐ zěnyàng xiàng lǎoshī hé tóngxuémen jièshào zìjǐ?
　　你怎样向老师和同学们介绍自己？
_____

（2）Qǐng jièshào yíxià nǐ de xìngqù hé àihào.
　　请介绍一下你的兴趣和爱好。

Lesson Four

Xiān qù shūdiàn háishi chāoshì
先去书店还是超市

Are we going to the bookshop or to the supermarket first

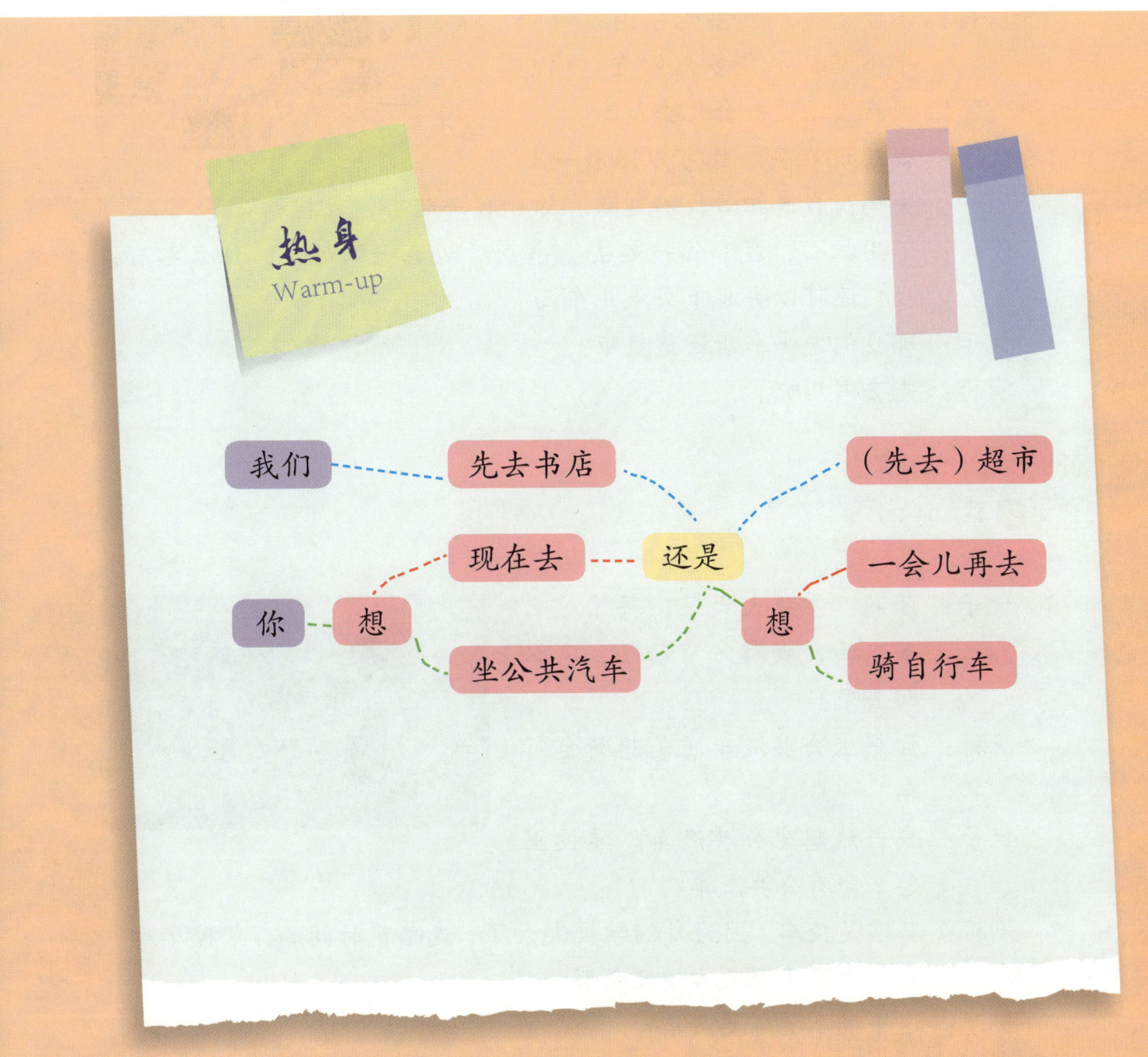

课文 Text

课文 1 04-1

优子：莎莉，学校附近有书店吗？明天就上课了，我还没买到字典呢。

莎莉：不要着急，图书馆东边就有一个书店，书又多又便宜。你想现在去还是一会儿去？

优子：我想现在去。你可以跟我一起去吗？我真担心找不到路。你和我一起去，我就放心了。

莎莉：不用担心，我和你一起去。书店旁边有一家超市，什么都有，我们还可以去超市买点儿东西。

优子：那我们先去书店还是超市？

莎莉：先去书店吧。

课文 2 04-2

优子：莎莉，学校太大了，买了这么多东西，我都拿不动了，怎么回去呢？

莎莉：你想坐公共汽车还是想骑自行车？

优子：我当然想坐公共汽车。学校里怎么会有公共汽车？

莎莉：其实是校车。因为我们学校太大了，走路花时间。有了校车后，我们上课下课又方便又舒服。

优子：这个校车要不要买票？

莎莉：这个校车是免费的，谁都能坐。

先去书店还是超市 4
Are we going to the bookshop or to the supermarket first

课文 3 04-3

优子要去书店买字典，莎莉也想去超市买点儿东西。她们先去了书店，然后去了旁边的超市。

莎莉买了笔记本、裤子，还买了几瓶水和几公斤水果。优子买了一双皮鞋、一件衬衫和一个帽子，还买了很多吃的。

从超市出来后，优子觉得东西太多了，拿不动。莎莉告诉优子学校里有校车可以坐，又快又舒服。

课文拼音 Texts in Pinyin

课文 1

Yōuzǐ: Shālì, xuéxiào fùjìn yǒu shūdiàn ma? Míngtiān jiù shàngkè le, wǒ hái méi mǎidào zìdiǎn ne.

Shālì: Bú yào zháojí, túshūguǎn dōngbian jiù yǒu yí gè shūdiàn, shū yòu duō yòu piányi. Nǐ xiǎng xiànzài qù háishi yíhuìr qù?

Yōuzǐ: Wǒ xiǎng xiànzài qù. Nǐ kěyǐ gēn wǒ yìqǐ qù ma? Wǒ zhēn dānxīn zhǎo bú dào lù. Nǐ hé wǒ yìqǐ qù, wǒ jiù fàngxīn le.

Shālì: Bú yòng dānxīn, wǒ hé nǐ yìqǐ qù. Shūdiàn pángbiān yǒu yì jiā chāoshì, shénme dōu yǒu, wǒmen hái kěyǐ qù chāoshì mǎi diǎnr dōngxi.

Yōuzǐ: Nà wǒmen xiān qù shūdiàn háishi chāoshì?

Shālì: Xiān qù shūdiàn ba.

课文 2

Yōuzǐ: Shālì, xuéxiào tài dà le, mǎile zhème duō dōngxi, wǒ dōu ná bú dòng le, zěnme huíqù ne?

Shālì: Nǐ xiǎng zuò gōnggòng qìchē háishi xiǎng qí zìxíngchē?

Yōuzǐ: Wǒ dāngrán xiǎng zuò gōnggòng qìchē. Xuéxiào li zěnme huì yǒu gōnggòng qìchē?

Shālì: Qíshí shì xiàochē. Yīnwei wǒmen xuéxiào tài dà le, zǒulù huā shíjiān. Yǒule xiàochē hòu, wǒmen shàngkè xiàkè yòu fāngbiàn yòu shūfu.

Yōuzǐ: Zhège xiàochē yào bú yào mǎi piào?

Shālì: Zhège xiàochē shì miǎnfèi de, shéi dōu néng zuò.

HSK 标准会话教程 3 — Standard Conversational Course 3

课文 3

Yōuzǐ yào qù shūdiàn mǎi zìdiǎn, Shālì yě xiǎng qù chāoshì mǎi diǎnr dōngxi. Tāmen xiān qùle shūdiàn, ránhòu qùle pángbiān de chāoshì.

Shālì mǎile bǐjìběn, kùzi, hái mǎile jǐ píng shuǐ hé jǐ gōngjīn shuǐguǒ. Yōuzǐ mǎile yì shuāng píxié, yí jiàn chènshān hé yí ge màozi, hái mǎile hěn duō chī de.

Cóng chāoshì chūlái hòu, Yōuzǐ jué de dōngxi tàiduō le, ná bú dòng. Shālì gàosu Yōuzǐ xuéxiào li yǒu xiàochē kěyǐ zuò, yòu kuài yòu shūfu.

生词 New Words

着急	zháojí	adj.	worried, anxious
东边	dōngbian	n.	east side
还是	háishi	conj.	or
担心	dānxīn	v.	to worry
放心	fàngxīn	v.	to ease one's mind, to rest assured
用	yòng	v.	to need
超市	chāoshì	n.	supermarket
先	xiān	adv.	first, in advance
拿	ná	v.	to take, to fetch
骑	qí	v.	to ride
自行车	zìxíngchē	n.	bicycle
其实	qíshí	adv.	actually
校车	xiàochē	n.	school bus
花（时间、钱）	huā (shíjiān, qián)	v.	to spend (time, money)
舒服	shūfu	adj.	comfortable
免费	miǎnfèi	v.	free (of charge)
然后	ránhòu	conj.	then, after that
笔记本	bǐjìběn	n.	notebook, laptop
裤子	kùzi	n.	pants
公斤	gōngjīn	n.	kilogramme
双	shuāng	m.	pair

续表

皮鞋	píxié	n.	leather shoes
衬衫	chènshān	n.	shirt
帽子	màozi	n.	hat, cap

语法点 Language Points

1 连词"还是":表示选择关系,可以构成"(是)A 还是 B"的疑问句。当 A 和 B 是名词或名词性短语时,"是"不可以省略。例如:

"还是" is a conjunction that indicates a choice. It can form the interrogative sentence "(是) A 还是 B". If A and B are nouns or noun phrases, "是" cannot be omitted. For example:

你是老师还是学生?
Are you a teacher or a student?

你(是)上午去还是下午去?
Will you go in the morning or in the afternoon?

我们(是)先去书店还是商店?
Are we going to the bookshop or to the store first?

当"还是"所在的分句作整个大句子的谓语或前置成分时,整个句子就是一个陈述句。例如:

If the clause containing "还是" acts as the predicate or as a pre-component of the main sentence, the whole sentence becomes a declarative sentence. For example:

我不知道他喜欢吃面条还是米饭。
I don't know whether he likes to eat noodles or rice.

他是中国人还是韩国人,一般人还真看不出来。
Most people really can't tell whether he is Chinese or Korean.

2 "又……又……":同一个事物的两个特点可以用"又……又……"连接在一起,做句子的谓语。例如:

"又……又……": The structure "又……又……" is used to indicate two characteristics of the same thing and acts as the predicate of the sentence. For example:

这个商店的苹果又好吃又便宜。

The apples at this store are both tasty and cheap.

他又冷又饿。

He's cold and hungry.

这种葡萄又新鲜又便宜。

This kind of grapes is both fresh and cheap.

3 可能补语"动词 + 得 / 不 + 补语"：表示能不能出现某种结果或发生某种情况。例如：

Potential complement "verb + 得 / 不 +complement": indicates whether a certain result or situation can occur or not. For example:

我听不懂老师说的话。

I don't understand what the teacher is saying.

我看不见黑板上的小字。

I can't see the small words on the blackboard.

我买不到飞机票，你买得到吗？

I am unable to find any plane tickets to buy, are you able?

4 疑问代词活用：疑问代词"什么、谁、哪"用在陈述句中，可以表示任何人或事物。例如：

The flexible use of interrogative pronouns: the interrogative pronouns "什么、谁、哪" can be used in declarative sentences to indicate any person or anything. For example:

这个书店什么书都有。

There are all sorts of books in this bookshop.

这个公共汽车谁都能坐。

Anyone can take this bus.

他的手机不见了，哪儿都找不到。

He lost his phone, he can't find it anywhere.

先去书店还是超市
Are we going to the bookshop or to the supermarket first 4

练习 Drills

听力练习 Listening Drills

1 听对话，选择正确图片。 04-4
Listen to the conversations and choose the correct pictures.

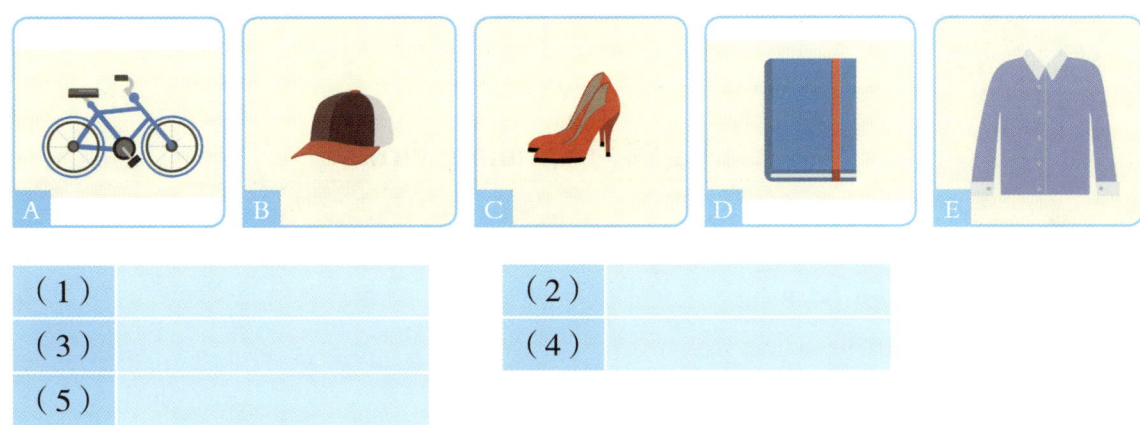

（1） _____   （2） _____
（3） _____   （4） _____
（5） _____

2 听句子，判断对错。 04-5
Listen to the following sentences and tell whether they are true or false.

（1）优子要去书店买字典，莎莉也想去超市买点儿东西。　　（　　）

（2）她们先去了超市，然后去了旁边的书店。　　（　　）

（3）莎莉买了笔记本、裤子。　　（　　）

（4）莎莉没买水果。　　（　　）

（5）优子买了一双皮鞋、一件衬衫和一个帽子，没买吃的。　　（　　）

3 听对话，选择正确答案。 04-6
Listen to the conversations and choose the correct answers.

（1）A. 坐电梯上楼　　B. 不去二楼了　　C. 走上去　　（　　）

（2）A. 不漂亮　　B. 特别可爱　　C. 不太漂亮　　（　　）

（3）A. 男的　　B. 女的　　C. 他们都想买　　（　　）

（4）A. 下次再买　　B. 马上去买　　C. 以后不用买了　　（　　）

（5）A. 不经常跑步　　B. 有时跑步　　C. 经常跑步　　（　　）

4 听对话，选择正确答案。 04-7

Listen to the conversations and choose the correct answers.

（1）A. 不能　　　　　B. 可以　　　　　C. 没时间　　　（　）
（2）A. 很方便　　　　B. 不太方便　　　C. 很不方便　　（　）
（3）A. 坐出租车　　　B. 走着去　　　　C. 坐公共汽车　（　）
（4）A. 不认识　　　　B. 一点也不认识　C. 认识　　　　（　）
（5）A. 因为今天天气好　B. 因为今天是星期六　C. 因为今天是节日　（　）

口语练习 Speaking Drills

5 听后重复。 04-8

Listen and repeat.

（1）_____
（2）_____
（3）_____
（4）_____
（5）_____

6 看图说话。

Look and say.

（1）_____
_____
_____
_____

34

（2）_____

7 回答问题。
Answer the questions.

（1）你有中文字典吗？
_____

（2）你有自行车吗？
_____

第五课 Lesson 5

Nǐ yīnggāi zhùyì duō chuān diǎnr yīfu
你应该注意多穿点儿衣服
You should have paid attention to wear more clothes

热身 Warm-up

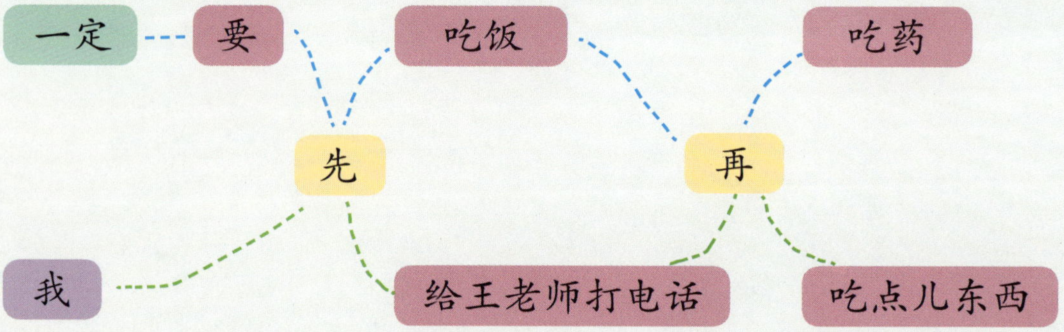

- 一定 — 要
- 先
- 吃饭
- 再
- 吃药
- 我
- 给王老师打电话
- 吃点儿东西

你应该注意多穿点儿衣服 5
You should have paid attention to wear more clothes

课文 Text

课文 1 05-1

莎莉：我起床后鼻子一直不舒服，现在还有点儿发烧，没办法去上课了。

优子：那你应该马上去医院看医生。我和你一起去。

莎莉：不用了，你去上你的课，我可以照顾自己。我先给王老师打电话请个假，再吃点儿东西，如果觉得好一些了，就不用去医院了。

优子：你还是去医院检查检查吧，你跟我也不要客气。到了医院，又要挂号，又要检查，又要拿药，你一个人楼上楼下地跑，太累了。

莎莉：我不想影响你的学习。你好好学习，等我病好了，我还需要你教我呢。

优子：没关系。我们快去快回。

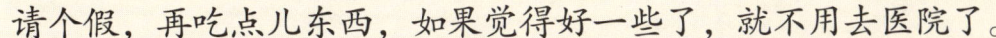

课文 2 05-2

莎莉：您好，医生。我今天早上突然头疼、鼻子不舒服，还有点儿发烧。

医生：你感冒了，这个季节最容易感冒。你应该注意多穿点儿衣服。中国有句话叫"春捂秋冻"，意思是春天虽然天气越来越热，但是还是不能马上换夏天的衣服。你想打针还是吃药？打针呢，会好得快一点儿。

莎莉：最好不打针，我有点儿害怕打针。

医生：那我就先给你开点儿药，如果吃了三天药还觉得不舒服，就再来做一个检查。一定要先吃饭再吃药，记得多喝水，多吃水果，注意休息。

课文 3 05-3

今天早上起床后，莎莉觉得不舒服，她给王老师打电话请了假，今天她不能去上课了。

莎莉去看医生。医生先给莎莉检查了一下，然后给她开了一些药。医生告诉莎莉，在北京，虽然春天到了，天气越来越热了，但是早上和晚上还比较冷，要注意多穿点儿衣服。

课文拼音 Texts in Pinyin

课文 1   Shālì: Wǒ qǐchuáng hòu bízi yìzhí bù shūfu, xiànzài hái yǒudiǎnr fāshāo, méi bànfǎ qù shàngkè le.

Yōuzǐ: Nà nǐ yīnggāi mǎshàng qù yīyuàn kàn yīshēng. Wǒ hé nǐ yìqǐ qù.

Shālì: Búyòng le, nǐ qù shàng nǐ de kè, wǒ kěyǐ zhàogù zìjǐ. Wǒ xiān gěi Wáng lǎoshī dǎ diànhuà qǐng gè jià, zài chī diǎnr dōngxi, rúguǒ juéde hǎo yìxiē le, jiù bú yòng qù yīyuàn le.

Yōuzǐ: Nǐ háishi qù yīyuàn jiǎnchá jiǎnchá ba, nǐ gēn wǒ yě bú yào kèqi. Dàole yīyuàn, yòu yào guàhào, yòu yào jiǎnchá, yòu yào ná yào, nǐ yí gè rén lóu shàng lóu xià de pǎo, tài lèi le.

Shālì: Wǒ bù xiǎng yǐngxiǎng nǐ de xuéxí. Nǐ hǎohǎo xuéxí, děng wǒ bìng hǎo le, wǒ hái xūyào nǐ jiāo wǒ ne.

Yōuzǐ: Méi guānxi. Wǒmen kuài qù kuài huí.

课文 2   Shālì: Nínhǎo, yīshēng. Wǒ jīntiān zǎoshang tūrán tóuténg, bízi bù shūfu, hái yǒu diǎnr fāshāo.

Yīshēng: Nǐ gǎnmào le, zhège jìjié zuì róngyì gǎnmào. Nǐ yīnggāi zhùyì duō chuāndiǎnr yīfu. Zhōngguó yǒu jù huà jiào "chūnwǔ-qiūdòng", yìsi shì chūntiān suīrán tiānqì yuè lái yuè rè, dànshì háishi bù néng mǎshàng huàn xiàtiān de yīfu. Nǐ xiǎng dǎzhēn háishi chī yào? Dǎzhēn ne, huì hǎo de kuài yìdiǎnr.

Shālì: Zuì hǎo bù dǎzhēn, wǒ yǒudiǎnr hàipà dǎzhēn.

Yīshēng: Nà wǒ jiù xiān gěi nǐ kāi diǎnr yào, rúguǒ chīle sān tiān yào hái juéde bù shūfu, jiù zài lái zuò yí gè jiǎnchá. Yídìng yào xiān chī fàn zài chī yào, jìde duō hē shuǐ, duō chī shuǐguǒ, zhùyì xiūxi.

你应该注意多穿点儿衣服
You should have paid attention to wear more clothes

课文 3

Jīntiān zǎoshang qǐchuáng hòu, Shālì juéde bù shūfu, tā gěi Wáng lǎoshī dǎ diànhuà qǐngle jià, jīntiān tā bù néng qù shàngkè le.

Shālì qù kàn yīshēng. Yīshēng xiān gěi Shālì jiǎnchále yíxià, ránhòu gěi tā kāile yìxiē yào. Yīshēng gàosu Shālì, zài Běijīng, suīrán chūntiān dàole, tiānqì yuè lái yuè rè le, dànshì zǎoshang hé wǎnshang hái bǐjiào lěng, yào zhùyì duō chuāndiǎnr yīfu.

生词 New Words

鼻子	bízi	n.	nose
发烧	fāshāo	v.	to have a fever
办法	bànfǎ	n.	way, approach
应该	yīnggāi	v.	should
马上	mǎshàng	adv.	immediately, at once
照顾	zhàogù	v.	to take care of
请假	qǐngjià	v.	to ask for a leave
检查	jiǎnchá	v.	to check, to examine
又	yòu	adv.	expresses the coexistence of several conditions or qualities: both... and...
*挂号	guàhào	v.	to register (especially at a hospital)
楼	lóu	n.	building
影响	yǐngxiǎng	n.	influence
需要	xūyào	v.	to need
教	jiāo	v.	to teach
突然	tūrán	adv.	suddenly
疼	téng	adj.	painful, aching
感冒	gǎnmào	v.	to catch a cold
季节	jìjié	n.	season
注意	zhùyì	v.	to pay attention to
*春捂秋冻	chūnwǔ-qiūdòng		Keep covered in spring and don't wear too much in autumn.

续表

春天	chūntiān	n.	spring
夏天	xiàtiān	n.	summer
*打针	dǎzhēn	v.	to give/receive an injection
*最好	zuìhǎo	adv.	had better, it would be best
害怕	hàipà	v.	to be afraid of, to be scared
如果	rúguǒ	conj.	if, in case
记得	jìde	v.	to remember

语法点 Language Points

1 助动词"应该"：可以表示事实上或情理上的需要，多为大家公认的事实或一般的情理。例如：

"应该" is an auxiliary verb used to express a factual or rational need, mostly being a universally acknowledged fact or reasoning. For example:

天气很冷，你应该多穿一点儿。
The weather is very cold, you should wear more clothes.
早上应该吃早饭。
One should eat breakfast in the morning.

在"是……的"句中可以单独使用。例如：
In "是……的" sentences, "应该" can be used independently. For example:
去图书馆看书，保持安静是应该的。
It's only proper to keep quiet when going to the library to read.

2 "先……，再……"：表示动作的先后顺序，"再"表示后面的动作是还没发生的。如果动作紧跟着发生，中间可以不停顿。例如：

"先……，再……" indicates the order of two actions with "再" being followed by an action that hasn't occurred yet. If the two actions happen immediately after one another, then there is no need to pause in the middle. For example:

你先吃饭再吃药。
Eat first and take your medicine afterwards.

回家后，一定要先洗手再吃东西。
After getting home, make sure to wash your hands before eating.
你先坐公共汽车，再坐地铁。
First take the bus and then the subway.

有时候动作超过两个，后面还可以加"然后"引出下一个动作，即"先……，再……，（然后……）"。例如：
If there are more than two actions, "然后" may be used to introduce the upcoming action, "先……，再……，（然后）……". For example:
我每天都是先写作业，再看电视，然后睡觉。
Every day I write my homework first, then watch TV, and then go to sleep.

3 "如果……，就……"：是一个由连词"如果"和副词"就"组成的表示假设关系的复句，意思是在某种条件或情况下会怎么样。例如：
"如果……，就……" is a complex sentence containing the conjunction "如果" and the adverb "就". It indicates a hypothesis or an assumption, meaning that something will be in a certain way under certain circumstances. For example:
如果你感兴趣，就报名参加比赛吧。
If you're interested, just sign up for the competition.
你如果找不到工作，就来我的公司吧。
If you cannot find a job, just come to work at my company.
他如果不来，我就去找他。
If he doesn't come, I will go look for him.

注意：一个主语时，"如果＋主语"或"主语＋如果"都可以。两个主语时，第二个主语在"就"前。在口语中，常常把"如果"说成"要是"。
Attention: when there is only one subject, both "如果＋S" and "S＋如果" are accepted. If there are two subjects, the second subject is placed in front of "就". In spoken Chinese, "如果" is often replaced by "要是".

练习 Drills

听力练习 Listening Drills

1 听对话，选择正确图片。 🎧 05-4
Listen to the conversations and choose the correct pictures.

| A | B | C | D | E |

（1）_____   （2）_____
（3）_____   （4）_____
（5）_____

2 听句子，判断对错。 🎧 05-5
Listen to the following sentences and tell whether they are true or false.

（1）莎莉今天可以去上课。　　　　　　　　　　　　　　　　（　　）
（2）医生先给莎莉检查了一下，然后给她开了一些药。　　　　（　　）
（3）春天到了，天气越来越热了。　　　　　　　　　　　　　（　　）
（4）现在北京早上和晚上不冷。　　　　　　　　　　　　　　（　　）
（5）医生告诉莎莉，不要穿太多衣服。　　　　　　　　　　　（　　）

3 听对话，选择正确答案。 🎧 05-6
Listen to the conversations and choose the correct answers.

（1）A. 很害怕　　　　B. 不害怕　　　　C. 一点也不害怕　　（　　）
（2）A. 完全好了　　　B. 比昨天好多了　C. 越来越差　　　　（　　）
（3）A. 让男的看医生　B. 让男的待在家里　C. 让男的去学校　（　　）
（4）A. 去医院　　　　B. 在家休息　　　C. 跟老师请假　　　（　　）
（5）A. 已经起床了　　B. 还在睡觉　　　C. 不太清楚　　　　（　　）

你应该注意多穿点儿衣服 **5**
You should have paid attention to wear more clothes

4 听对话，选择正确答案。 🎧 05-7
Listen to the conversations and choose the correct answers.

（1）A. 发电子邮件　　　B. 打电话　　　　C. 让男的告诉老师　　（　）

（2）A. 看医生　　　　　B. 在家里休息　　　C. 快点儿去上课　　　（　）

（3）A. 陪女的去打针　　B. 害怕打针　　　　C. 让女的吃药　　　　（　）

（4）A. 下大雪了　　　　B. 下大雨了　　　　C. 天太黑了　　　　　（　）

（5）A. 女的和他开玩笑　B. 没买到火车票　　C. 没准备好考试　　　（　）

口语练习 Speaking Drills

5 听后重复。 🎧 05-8
Listen and repeat.

（1）＿＿＿＿＿＿＿＿＿＿＿＿＿＿＿＿＿＿＿＿＿＿＿＿＿＿＿＿＿

（2）＿＿＿＿＿＿＿＿＿＿＿＿＿＿＿＿＿＿＿＿＿＿＿＿＿＿＿＿＿

（3）＿＿＿＿＿＿＿＿＿＿＿＿＿＿＿＿＿＿＿＿＿＿＿＿＿＿＿＿＿

（4）＿＿＿＿＿＿＿＿＿＿＿＿＿＿＿＿＿＿＿＿＿＿＿＿＿＿＿＿＿

（5）＿＿＿＿＿＿＿＿＿＿＿＿＿＿＿＿＿＿＿＿＿＿＿＿＿＿＿＿＿

6 看图说话。
Look and say.

（1）＿＿＿＿＿＿＿＿＿＿＿＿＿＿＿＿＿＿＿＿＿＿

＿＿＿＿＿＿＿＿＿＿＿＿＿＿＿＿＿＿＿＿＿＿＿＿＿

＿＿＿＿＿＿＿＿＿＿＿＿＿＿＿＿＿＿＿＿＿＿＿＿＿

43

（2）_____

7 回答问题。
Answer the questions.

（1）你觉得应该"春捂秋冻"吗？
Nǐ juéde yīnggāi "chūnwǔ-qiūdòng" ma?

（2）说说你居住的城市的天气。
Shuōshuo nǐ jūzhù de chéngshì de tiānqì.

第六课 Lesson Six

Bú dào Chángchéng fēi hǎohàn
不到长城非好汉

He who doesn't reach the Great Wall is not a true man

热身 Warm-up

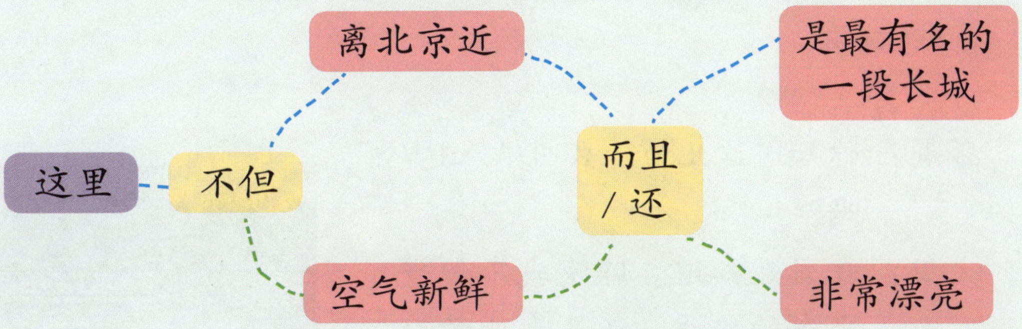

这里 — 不但 — 离北京近 / 空气新鲜 — 而且/还 — 是最有名的一段长城 / 非常漂亮

课文 Text

课文 1 06-1

大卫：明天是周末，你有什么打算？
莎莉：每天都是一样的，或者学习，或者休息。
大卫：你一定听说过，有句话叫"不到长城非好汉"。我们去爬长城吧。
莎莉：好的，我也一直想去长城呢。那我们去哪一段长城呢？
大卫：八达岭长城不但离北京市区比较近，坐车很方便，而且是"万里长城"保护得比较好的地方。我们就去那儿吧。
莎莉：好的，明天早上七点在学校东门，不见不散。

课文 2 06-2

莎莉：你知道这儿为什么叫"八达岭"吗？
大卫：我当然知道。昨晚我不但查了坐车的路线，还认真地学习了长城的历史。"八达"意思是"东西南北哪儿都能到"，以前从北边进北京必须经过这里。
莎莉：我发现，中国的很多地名是有一定意思的，或者和那个地方的特点有关系，或者和历史有关系。
大卫：是的。我们上车的火车站叫"西直门"，就是和历史有关系，它是老北京的一个城门。现在虽然城门没有了，但是地名还在。

6 不到长城非好汉
He who doesn't reach the Great Wall is not a true man

课文 3 06-3

大卫和莎莉一起去爬长城。他们从西直门坐火车到了八达岭长城。这里不但离北京市区比较近,而且是最有名的一段长城。

八达岭是进出北京的必经之地。因为山高树多,所以不但空气新鲜,还非常漂亮。

大卫认真地学习了长城的历史,今天他要好好看看长城,还要跟"不到长城非好汉"的石碑拍张照片。

课文拼音 Texts in Pinyin

课文 1   Dàwèi: Míngtiān shì zhōumò, nǐ yǒu shénme dǎsuàn?
　　　　　Shālì: Měi tiān dōu shì yíyàng de, huòzhě xuéxí, huòzhě xiūxi.
　　　　　Dàwèi: Nǐ yídìng tīngshuō guò, yǒu jù huà jiào "bú dào Chángchéng fēi hǎohàn". Wǒmen qù pá Chángchéng ba.
　　　　　Shālì: Hǎo de, wǒ yě yìzhí xiǎng qù Chángchéng ne. Nà wǒmen qù nǎ yí duàn Chángchéng ne?
　　　　　Dàwèi: Bādálǐng Chángchéng búdàn lí Běijīng shìqū bǐjiào jìn, zuò chē hěn fāngbiàn, érqiě shì "Wàn Lǐ Chángchéng" bǎohù de bǐjiào hǎo de dìfang. Wǒmen jiù qù nàr ba.
　　　　　Shālì: Hǎo de, míngtiān zǎoshang qī diǎn zài xuéxiào dōng mén, bújiàn-búsàn.

课文 2   Shālì: Nǐ zhīdào zhèr wèi shénme jiào "Bādálǐng" ma?
　　　　　Dàwèi: Wǒ dāngrán zhīdào. Zuówǎn wǒ búdàn chále zuòchē de lùxiàn, hái rènzhēn de xuéxíle chángchéng de lìshǐ. "Bādá" yìsi shì "dōng xī nán běi nǎr dōu néng dào", yǐqián cóng běibian jìn Běijīng bìxū jīngguò zhèlǐ.
　　　　　Shālì: Wǒ fāxiàn, Zhōngguó de hěn duō dìmíng shì yǒu yídìng yìsi de, huòzhě hé nàge dìfang de tèdiǎn yǒu guānxì, huòzhě hé lìshǐ yǒu guānxì.
　　　　　Dàwèi: Shì de. Wǒmen shàng chē de huǒchēzhàn jiào "Xīzhímén", jiù shì hé lìshǐ yǒu guānxì, tā shì lǎo Běijīng de yí gè chéng mén. Xiànzài suīrán chéng mén méiyǒu le, dànshì dìmíng hái zài.

HSK 标准会话教程 3
Standard Conversational Course 3

课文 3

Dàwèi hé Shālì yìqǐ qù pá Chángchéng. Tāmen cóng Xīzhímén zuò huǒchē dàole Bādálǐng Chángchéng. Zhèlǐ búdàn lí Běijīng shìqū bǐjiào jìn, érqiě shì zuì yǒumíng de yí duàn Chángchéng.

Bādálǐng shì jìn chū Běijīng de bì jīng zhī dì. Yīnwèi shān gāo shù duō, suǒyǐ búdàn kōngqì xīnxiān, hái fēicháng piàoliang.

Dàwèi rènzhēn de xuéxíle Chángchéng de lìshǐ, jīntiān tā yào hǎohǎo kànkan Chángchéng, hái yào gēn "bú dào Chángchéng fēi hǎohàn" de shí bēi pāi zhāng zhàopiàn.

生词 New Words

周末	zhōumò	n.	weekend
打算	dǎsuàn	v.	to plan, to intend
一样	yíyàng	adj.	the same, alike
*不到长城非好汉	bú dào Chángchéng fēi hǎohàn		He who doesn't reach the Great Wall is not a true man
*爬	pá	v.	to climb
段	duàn	m.	*used with sections or periods*
不但……而且……	búdàn…érqiě…	conj.	not only...but also...
*保护	bǎohù	v.	to protect
地方	dìfang	n.	place
*不见不散	bújiàn-búsàn		be there or be square
查	chá	v.	to search
历史	lìshǐ	n.	history
东	dōng	n.	east
西	xī	n.	west
南	nán	n.	south
北	běi	n.	north
以前	yǐqián	n.	before; ago
必须	bìxū	adv.	must
经过	jīngguò	v.	to pass by

不到长城非好汉 6
He who doesn't reach the Great Wall is not a true man

续表

地名	dìmíng	n.	place name, geographical name
*特点	tèdiǎn	n.	feature
关系	guānxì	n.	relationship
或者	huòzhě	conj.	or
*城门	chéngmén	n.	city gate
有名	yǒumíng	adj.	famous
*必经之地	bì jīng zhī dì		Place that must be passed through
树	shù	n.	tree
*空气	kōngqì	n.	air
新鲜	xīnxiān	adj.	fresh
*石碑	shíbēi	n.	stone tablet
*拍	pāi	v.	to take (a picture)

专有名词 Proper Nouns

*八达岭长城	Bādálǐng Chángchéng	Badaling Great Wall
*万里长城	Wàn Lǐ Chángchéng	Great Wall
*西直门	Xīzhímén	Xizhimen

语法点 Language Points

1 连词"或者":用在叙述句里,表示选择关系。例如:
"或者" is a conjunction used in declarative sentences to indicate a choice. For example:

对我来说,去北京或者上海都可以。
Going to Beijing or to Shanghai is all the same to me.

我打算明天或者后天去爬长城。
I am planning to go to the Great Wall tomorrow or the day after tomorrow.

明天别忘了带照相机或者手机,我们要拍一些照片。
Don't forget to bring your camera or your phone tomorrow, we'll be taking some photos.

如果是在疑问句中，要用"还是"表示选择关系。例如：
In interrogative sentences, "还是" should be used instead. For example:

您要一本中文词典还是两本？
Do you want one or two Chinese dictionaries?

2 "不但……，而且……"：是由连词"不但"和"而且"构成的表示递进关系的复句，"而且"分句表示进一步的关系。例如：

"不但……，而且……" is a fixed structure formed by the two conjunctions "不但" and "而且". It is used in complex sentences that have a progressive relation, wherein the "而且" clause shows an advancement in the relation. For example:

莎莉不但长得漂亮，而且会唱歌跳舞。
Sally is not only beautiful, but she can also sing and dance.

她不但会说英语，而且会说中文。
Not only can she speak English, but she can also speak Chinese.

这样做不但解决不了现在的问题，而且会有新的问题。
Doing so will not only not solve the issue, but it will create even more difficulties.

3 紧缩句：有一些句子，看上去像一个单句，其实句子里包含两个相对独立的内容，这两个内容之间存在一些像复句一样的关系，可以补出关联词语来。例如：

Contracted sentences: some sentences appear to be simple sentences, but in reality, they contain two opposite contents, which have a relationship similar to that of complex sentences and which can be illustrated by filling in some connectors. For example:

"不到长城非好汉"。这个句子有"到不到长城"和"是不是好汉"两个内容，中间暗含了一个假设关系，可以理解成"如果（要是）你不到长城，就不是好汉"。中文里有很多这样的句子，省略了关联词语，其中的关系只能靠上下文的意思推测出来。"不见不散"也可以这样理解。

"不到长城非好汉". This sentence implies two ideas, that of "getting or not getting to the Great Wall" and that of "being or not being a true man", the two having a hypothetical relationship. It can be understood as "If you don't get to the Great Wall, then you're not a true man". There are many similar sentences in Chinese, in which the connectors are omitted, and the relationship can only be inferred based on context. "不见不散" may also be explained in this way.

不到长城非好汉
He who doesn't reach the Great Wall is not a true man 6

练习 Drills

听力练习 Listening Drills

1 听对话，选择正确图片。 06-4
Listen to the conversations and choose the correct pictures.

（1）　　　　　　　　　　（2）
（3）　　　　　　　　　　（4）
（5）

2 听句子，判断对错。 06-5
Listen to the following sentences and tell whether they are true or false.

（1）明天是周末，大卫和莎莉一起去爬长城。　　　　　（　　）
（2）他们从东直门坐火车到了八达岭长城。　　　　　　（　　）
（3）八达岭长城离北京市区比较远，是最有名的一段长城。（　　）
（4）这里山高树多，虽然空气新鲜，但不太漂亮。　　　（　　）
（5）大卫认真地学习了长城的历史。　　　　　　　　　（　　）

3 听对话，选择正确答案。 06-6
Listen to the conversations and choose the correct answers.

（1）A. 周末可能会下雨　　B. 周末不会下雨　　C. 周末会下雨　　（　　）
（2）A. 不会　　　　　　　B. 不一定　　　　　C. 很想去　　　　（　　）
（3）A. 下雨了　　　　　　B. 是晴天　　　　　C. 下雪了　　　　（　　）
（4）A. 十块　　　　　　　B. 二十块　　　　　C. 三十块　　　　（　　）
（5）A. 不清楚　　　　　　B. 没去过　　　　　C. 去过　　　　　（　　）

51

4 听对话，选择正确答案。 06-7

Listen to the conversations and choose the correct answers.

（1）A. 去　　　　　　B. 不去　　　　　　C. 不一定　　　　　（　　）

（2）A. 还有一件衣服　　B. 山上很冷　　　　C. 他不觉得冷　　　（　　）

（3）A. 不漂亮　　　　　B. 很漂亮　　　　　C. 一般　　　　　　（　　）

（4）A. 很有意思　　　　B. 很没有意思　　　C. 一般　　　　　　（　　）

（5）A. 买书　　　　　　B. 买火车票　　　　C. 买电影票　　　　（　　）

口语练习 Speaking Drills

5 听后重复。 06-8

Listen and repeat.

（1）_____

（2）_____

（3）_____

（4）_____

（5）_____

6 看图说话。

Look and say.

（1）_____

_____

_____

_____

（2）_____

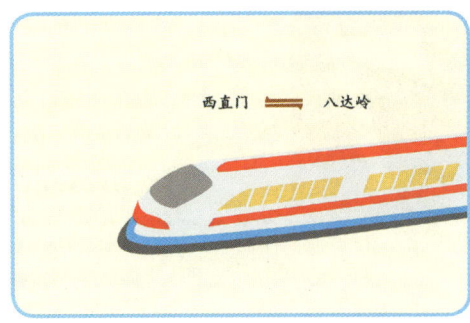

7 回答问题。
Answer the questions.

（1）你知道长城吗？你去过长城吗？

（2）你觉得去旅游的时候，坐公共汽车方便还是开车方便？

Lesson Seven

今天和历史几乎一样
Jīntiān hé lìshǐ jīhū yíyàng
The present is almost the same as the past

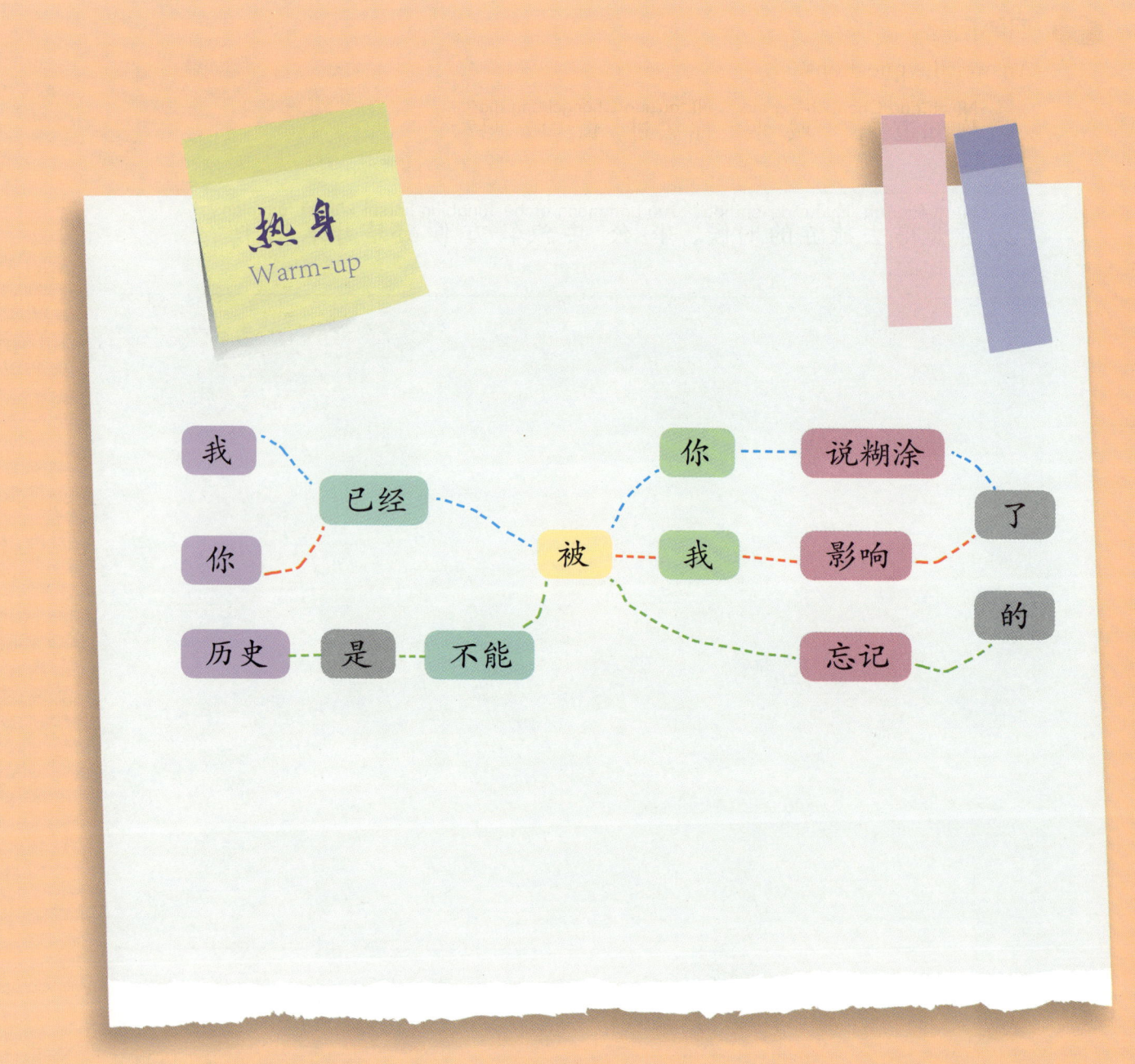

7 今天和历史几乎一样
The present is almost the same as the past

课文 Text

课文 1 07-1

莎莉：你为什么想学历史呢？

大卫：因为我觉得，今天和历史几乎是一样的。只有了解历史，才能懂得今天。

莎莉：你这么说我不太明白。现在比过去发达多了，你怎么说和过去一样呢？

大卫：今天虽然比过去发达，但是人和人的关系几乎和过去一样。所以懂得了历史，不就是懂得了今天吗？

莎莉：我对历史了解得比较少，已经被你说糊涂了，以后我慢慢跟你学习吧。

课文 2 07-2

莎莉：我今天看到了一句话，和你昨天说的意思一样。

大卫：你是在哪儿看到的，是什么话？

莎莉：我是在一个电影里看到的。这句话的意思是，我们只有看看镜子，才能知道自己的帽子和衣服有没有问题；我们只有看看别人，才能知道自己做的事情有没有问题；我们只有看看历史，才能知道今天有没有问题。

大卫：你被我影响了，开始关心历史了。那你同意这句话吗？

莎莉：我非常同意。如果没有镜子，我们就看不到自己；如果不和别人比较，我们也不知道自己做得对不对。

大卫：最后一句是最重要的，学习历史可以帮助我们发现问题，解决问题。

课文 3 07-3

大卫想在中国学历史。他认为，学习历史对了解今天是很有帮助的。虽然现在比过去发达，但是我们只有看清楚历史，才能知道今天应该怎么做。因为今天人和人的关系几乎和过去一样。

从镜子里，我们可以看到自己。从历史里，我们可以看到今天和明天。所以历史是不能被忘记的。

课文拼音 Texts in Pinyin

课文 1　Shālì: Nǐ wèi shénme xiǎng xué lìshǐ ne?
　　　　Dàwèi: Yīnwèi wǒ juéde, jīntiān hé lìshǐ jīhū shì yíyàng de. Zhǐyǒu liǎojiě lìshǐ, cái néng dǒngde jīntiān.
　　　　Shālì: Nǐ zhème shuō wǒ bú tài míngbai. Xiànzài bǐ guòqù fādá duō le, nǐ zěnme shuō hé guòqù yíyàng ne?
　　　　Dàwèi: Jīntiān suīrán bǐ guòqù fādá, dànshì rén hé rén de guānxì jīhū hé guòqù yíyàng. Suǒyǐ dǒngdele lìshǐ, bú jiùshì dǒngdele jīntiān ma?
　　　　Shālì: Wǒ duì lìshǐ liǎojiě de bǐjiào shǎo, yǐjīng bèi nǐ shuō hútu le, yǐhòu wǒ mànmàn gēn nǐ xuéxí ba.

课文 2　Shālì: Wǒ jīntiān kàndàole yí jù huà, hé nǐ zuótiān shuō de yìsi yíyàng.
　　　　Dàwèi: Nǐ shì zài nǎr kàndào de, shì shénme huà?
　　　　Shālì: Wǒ shì zài yí gè diànyǐng li kàn dào de. Zhè jù huà de yìsi shì, wǒmen zhǐyǒu kànkan jìngzi, cáinéng zhīdào zìjǐ de màozi hé yīfu yǒu méi yǒu wèntí; Wǒmen zhǐyǒu kànkan biérén, cái néng zhīdào zìjǐ zuò de shìqing yǒu méiyǒu wèntí; Wǒmen zhǐyǒu kànkan lìshǐ, cái néng zhīdào jīntiān yǒu méi yǒu wèntí.
　　　　Dàwèi: Nǐ bèi wǒ yǐngxiǎng le, kāishǐ guānxīn lìshǐ le. Nà nǐ tóngyì zhè jù huà ma?
　　　　Shālì: Wǒ fēicháng tóngyì. Rúguǒ méiyǒu jìngzi, wǒmen jiù kàn bú dào zìjǐ; Rúguǒ bù hé biérén bǐjiào, wǒmen yě bù zhīdào zìjǐ zuò de duì bú duì.
　　　　Dàwèi: Zuìhòu yí jù shì zuì zhòngyào de, xuéxí lìshǐ kěyǐ bāngzhù wǒmen fāxiàn wèntí, jiějué wèntí.

7 今天和历史几乎一样
The present is almost the same as the past

课文 3

Dàwèi xiǎng zài Zhōngguó xué lìshǐ. Tā rènwéi, xuéxí lìshǐ duì liǎojiě jīntiān shì hěn yǒu bāngzhù de. Suīrán xiànzài bǐ guòqù fādá, dànshì wǒmen zhǐyǒu kàn qīngchu lìshǐ, cáinéng zhīdào jīntiān yīnggāi zěnme zuò. Yīnwèi jīntiān rén hé rén de guānxì jīhū hé guòqù yíyàng.

Cóng jìngzi li, wǒmen kěyǐ kàndào zìjǐ. Cóng lìshǐ li, wǒmen kěyǐ kàndào jīntiān hé míngtiān. Suǒyǐ lìshǐ shì bù néng bèi wàngjì de.

生词 New Words

几乎	jīhū	adv.	almost
只有……才	zhǐyǒu…cái	conj.	can only/the only way … if/to
明白	míngbai	adj.	to understand
过去	guòqù	n.	past
*发达	fādá	adj.	developed
*糊涂	hútu	adj.	confused, muddled
*镜子	jìngzi	n.	mirror
别人	biérén	n.	other people
被	bèi	prep.	*used to indicate the passive voice*
关心	guānxīn	v.	to care for, to be interested in
同意	tóngyì	v.	to agree
最后	zuìhòu	n.	the last
重要	zhòngyào	adj.	important
解决	jiějué	v.	to solve
认为	rènwéi	v.	to think, to believe
清楚	qīngchu	adj.	clear, distinct
忘记	wàngjì	v.	to forget

语法点 Language Points

1 "A 和 B 一样……"：是比较句的一种，用"一样"表示比较的结果。否定句用"不一样"。例如：

"A 和 B 一样……" is a type of comparative sentence. "一样" is used to indicate the result of the comparison. The negative sentence uses "不一样". For example:

今天的天气和昨天一样。

The weather today is the same as yesterday.

你做的面包和他做的（面包）不一样。

The bread you made is different from the one he made.

"一样"后面可以加形容词。例如：

"一样" may be followed by an adjective. For example:

我和你一样高。

I'm as tall as you are.

小猫和小狗一样可爱。

Kitties are as cute as puppies.

这个教室和那个教室一样干净。

This classroom is as clean as that one.

注意：在这个句子里，"和"也可以换成介词"跟"。

Attention: in this sentence, "和" may be replaced by the preposition "跟".

2 条件复句"只有 A，才 B"：是由连词"只有"和副词"才"构成的表示条件关系的复句，而且 A 是 B 实现的唯一条件。例如：

"只有 A, 才 B" consists of the conjunction "只有" and the adverb "才". It forms a complex sentence, used to indicate a relation based on a unique condition, wherein A is the unique condition needed for B to be achieved. For example:

只有坚持锻炼，身体才能健康。

The only way to stay healthy is to keep exercising.

只有努力学习，才能有好的成绩。

We can only get good results if we study hard.

只有多和中国人交流，才能提高汉语口语水平。

The only way to improve your spoken Chinese is to speak with Chinese people more often.

3　"被"字句：有的句子在谓语动词前用一个表示被动意义的介词"被"，来表示一个主语受到某种动作行为的影响而发生改变。这种改变常常是不愉快、受损失的情况。这种句子叫"被"字句。例如：

The 被- sentence: in some sentences, the predicate verb is preceded by the passive voice preposition "被", used to indicate that the subject has undergone a change under the influence of a certain action or conduct. This change is often an unpleasant event or a loss. This type of sentence is called a 被-sentence. For example:

门被风刮开了。

The door was blown open by the wind.

我被你说糊涂了。

You've made me confused.

他以前是个很有名的人，后来慢慢地被人忘记了。

He used to be very famous, but then he was slowly forgotten by everyone.

如果施事者不是特定的，或者是大家熟知的，就可以省略。例如：

If the doer of the action is not defined or if everybody knows it, then it can be omitted. For example:

门被刮开了。

The door was blown open.

他慢慢地被忘记了。

He was slowly forgotten.

"叫""让"做介词也可以构成表示被动意义的句子。例如：

Other passive voice prepositions include "叫" and "让", and sentences in which these prepositions form the adverbial adjunct are also considered 被-sentences. For example:

你的车叫 / 让你爸爸卖了。

Your car was sold by your father.

HSK 标准会话教程 3
Standard Conversational Course 3

练习 Drills

听力练习 Listening Drills

1 听对话，选择正确图片。 🎧 07-4
Listen to the conversations and choose the correct pictures.

（1）_____   （2）_____
（3）_____   （4）_____
（5）_____

2 听句子，判断对错。 🎧 07-5
Listen to the following sentences and tell whether they are true or false.

（1）大卫想在中国学历史。　　　　　　　　　　　　　　　　　（　）

（2）大卫认为，学习历史没有什么用。　　　　　　　　　　　　（　）

（3）大卫认为，只有看清楚历史，才能知道今天应该怎么做。　　（　）

（4）从镜子里，我们可以看到自己。　　　　　　　　　　　　　（　）

（5）我们可以从历史里看到今天和明天。　　　　　　　　　　　（　）

3 听对话，选择正确答案。 🎧 07-6
Listen to the conversations and choose the correct answers.

（1）A. 不知道　　　　B. 很清楚　　　　C. 很明白　　　　（　）

（2）A. 有点儿忙　　　B. 很忙　　　　　C. 一点儿也不忙　（　）

（3）A. 小狗　　　　　B. 小猫　　　　　C. 什么都不喜欢　（　）

（4）A. 五岁　　　　　B. 六岁　　　　　C. 三岁　　　　　（　）

（5）A. 不清楚　　　　B. 没结婚　　　　C. 结婚了　　　　（　）

7 今天和历史几乎一样
The present is almost the same as the past

4 听对话，选择正确答案。 🎧 07-7
Listen to the conversations and choose the correct answers.

（1）A. 美国人　　　　B. 日本人　　　　　　C. 中国人　　　　　（　）
（2）A. 五层　　　　　B. 三层　　　　　　　C. 六层　　　　　　（　）
（3）A. 非常喜欢　　　B. 喜欢　　　　　　　C. 不太喜欢　　　　（　）
（4）A. 对　　　　　　B. 没关系　　　　　　C. 不对　　　　　　（　）
（5）A. 比上次的好吃　B. 没有上次做的好吃　C. 两次都一样　　　（　）

口语练习 Speaking Drills

5 听后重复。 🎧 07-8
Listen and repeat.

（1）_____
（2）_____
（3）_____
（4）_____
（5）_____

6 看图说话。
Look and say.

（1）_____
_____
_____
_____

61

（2）_____

7 回答问题。
Answer the questions.

(1) Nǐ xǐhuan lìshǐ ma?
你 喜欢 历史 吗?

_____

(2) Lìshǐ duì wǒmen yǒu shénme bāngzhù?
历史 对 我们 有 什么 帮助?

_____

Lesson Eight

Tāmen zài yě méi huílái guo
他们再也没回来过
They never came back again

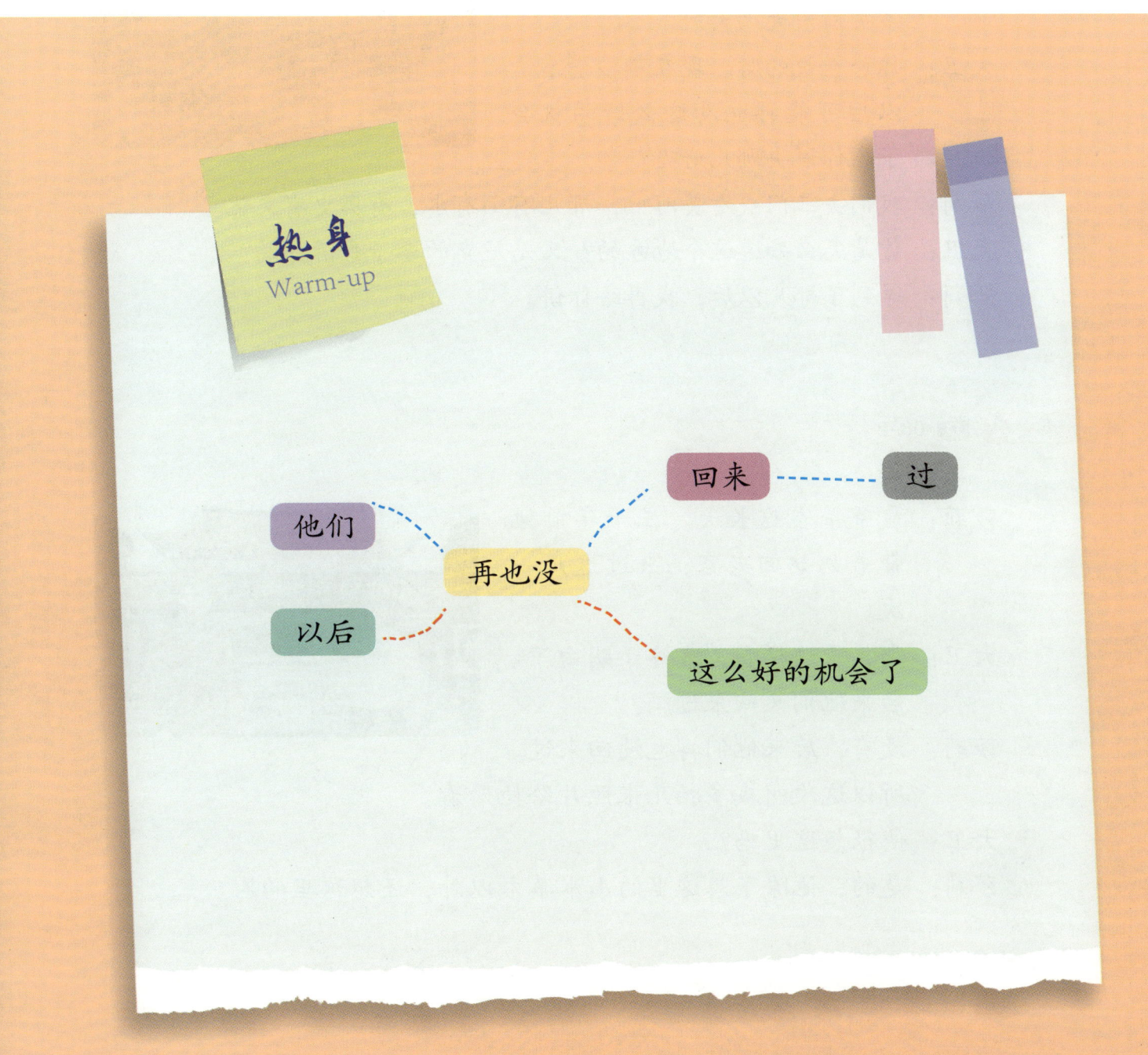

课文 Text

课文 1 08-1

莎莉：我爸爸说，中国漂亮的地方很多，除了去大城市旅游以外，还应该多去看看大山大河。

大卫：你爸爸说的对。现在不多看看，以后可能再也没这么好的机会了。你说去哪儿好呢？

莎莉：我们去三门峡看黄河吧，那儿有山有水，有历史有文化。

大卫：你是怎么知道这个地方的？又是尼克的妻子告诉你的？

莎莉：等到了那儿以后，我再给你讲。

课文 2 08-2

莎莉：我爷爷在这长大。三十年前他带着奶奶回老家，来过这儿一次。

大卫：啊，是这样啊，我终于明白了。后来他们又回来过吗？

莎莉：没有，后来他们再也没回来过。所以这次叫我多拍几张照片给他看看。

大卫：他很想这里吗？

莎莉：是的，他除了想这里的山水草木以外，还想这里的人。

课文 3 08-3

又要放长假了。莎莉和大卫打算一起去看黄河。黄河是中国人的母亲河，在中国很有名，在世界上也很有名。

到了黄河边，莎莉给大卫讲了爷爷的故事。三十年前，爷爷带着奶奶来过三门峡。后来他们再也没回来过。今天莎莉拍了很多照片给爷爷看。爷爷说，变化太大了，他很想回来看看。

课文拼音 Texts in Pinyin

课文 1

Shālì: Wǒ bàba shuō, Zhōngguó piàoliang de dìfang hěn duō, chúle qù dà chéngshì lǚyóu yǐwài, hái yīnggāi duō qù kànkan dàshān-dàhé.

Dàwèi: Nǐ bàba shuō de duì. Xiànzài bù duō kànkan, yǐhòu kěnéng zài yě méi zhème hǎo de jīhuì le. Nǐ shuō qù nǎr hǎo ne?

Shālì: Wǒmen qù Sānménxiá kàn Huáng Hé ba, nàr yǒu shān yǒu shuǐ, yǒu lìshǐ yǒu wénhuà.

Dàwèi: Nǐ shì zěnme zhīdào zhège dìfang de? Yòushì Níkè de qīzi gàosu nǐ de?

Shālì: Děng dàole nàr yǐhòu, wǒ zài gěi nǐ jiǎng.

课文 2

Shālì: Wǒ yéye zài zhèr zhǎngdà. Sānshí nián qián tā dàizhe nǎinai huí lǎojiā, láiguo zhèr yí cì.

Dàwèi: À, shì zhèyàng a, wǒ zhōngyú míngbai le. Hòulái tāmen yòu huíláiguo ma?

Shālì: Méiyǒu, hòulái tāmen zài yě méi huíláiguo. Suǒyǐ zhè cì jiào wǒ duō pāi jǐ zhāng zhàopiàn gěi tā kànkan.

Dàwèi: Tā hěn xiǎng zhèlǐ ma?

Shālì: Shì de, tā chúle xiǎng zhèlǐ de shān shuǐ cǎo mù yǐ wài, hái xiǎng zhèlǐ de rén.

课文 3

Yòu yào fàng chángjià le. Shālì hé Dàwèi dǎsuàn yìqǐ qù kàn Huáng Hé. Huáng Hé shì Zhōngguórén de mǔqīnhé, zài Zhōngguó hěn yǒumíng, zài shìjiè shang yě hěn yǒumíng.

Dàole Huáng Hé biān, Shālì gěi Dàwèi jiǎngle yéye de gùshi. Sānshí nián qián, yéye dàizhe nǎinai láiguo Sānménxiá. Hòulái tāmen zài yě méi huíláiguo. Jīntiān Shālì pāile hěn duō zhàopiàn gěi yéye kàn.

Yéye shuō, biànhuà tài dà le, tā hěn xiǎng huílái kànkan.

生词 New Words

除了	chúle	prep.	except, besides, apart from
城市	chéngshì	n.	city
机会	jīhuì	n.	opportunity
文化	wénhuà	n.	culture
讲	jiǎng	v.	to tell
长	zhǎng	v.	grow up
老家	lǎojiā	n.	hometown
终于	zhōngyú	adv.	finally
后来	hòulái	n.	afterwards
照片	zhàopiàn	n.	photo
草	cǎo	n.	grass
木	mù	n.	wood, tree
放假	fàngjià	v.	to have a holiday / vacation
*母亲	mǔqīn	n.	mother
世界	shìjiè	n.	world
故事	gùshi	n.	story
变化	biànhuà	n.	change

专有名词 Proper Nouns

黄河	Huáng Hé	the Yellow River, the second longest river in China

他们再也没回来过
They never came back again

8

语法点 Language Points

1 "除了 A 以外，还 B"：表示在 A 之外，还有 B 等其他的。意思不是排除 A，而是突出 B，A 和 B 合起来是全部。主语可以在"除了"前面，也可以在"还"前面。"以外"可以省略。例如：

"除了 A 以外，还 B" indicates that except for A there is also B or others. It doesn't exclude A, but emphasizes B, showing that A and B put together form a whole. The subject can be placed in front of "除了" as well as in front of "还", and "以外" can be omitted. For example:

除了北京（以外），我还去过很多地方。（北京和别的地方都是我去过的）
Except for Beijing, I've also been to many other places. (I've been to both Beijing and other places)

他除了会说英语（以外），还会说中文。（英语和中文都是他会说的）
Except for English, he can also speak Chinese. (He can speak both English and Chinese)

爷爷除了想这里的山水草木，还想这里的人。（山水草木和人都是爷爷想念的）
Except for missing the nature here, grandpa also misses the people here. (Grandpa misses both the nature and the people)

2 "再也没 + 动词"：表示从过去的某一个时间点开始到现在，一直没有做过某件事情。动词后有"过"。例如：

"再也没 + verb" indicates that a certain thing has not been done at all starting from a specific moment in the past until now. The verb is followed by "过". For example:

我们毕业后，我再也没见过他。
I've never seen him again after graduation.

离开北京后，我再也没回去过。
After leaving Beijing, I've never gone back.

结婚以后，我再也没做过饭。
I've not cooked at all since getting married.

"再也没机会 +（动词）了"表示绝对否定以后发生某种情况的可能性，如果前面的小句已经出现了动词，这里就可以省略了。例如：

"再也没机会 + (verb) 了" indicates the possibility of something happening after an absolute negation. If the verb is already present in the preceding sentence, then it can be omitted in this structure. For example:

今天你不努力学习的话，以后你再也没机会（学习）了。

If you don't study hard now, you'll never get the chance to do it again.

现在我们不多看看大山大河的话，以后再也没有这么好的机会（看）了。

If we don't visit nature more now, we won't get such a good chance ever again.

3 副词"又"：可以放在动词前边，表示动作或情况反复出现过很多次，是已经发生了的。例如：

The adverb "又" is placed in front of the verb to indicate that an action or situation has occurred many times repeatedly. For example:

他又去旅游了。

He went traveling again.

他最近又搬家了。

He has moved again recently.

今天很热，他又去洗澡了。

It's very hot today, he went to take another shower.

练习 Drills

听力练习 Listening Drills

1 听对话，选择正确图片。 🎧 08-4

Listen to the conversations and choose the correct pictures.

A

B

C

D

E

（1） _____ （2） _____
（3） _____ （4） _____
（5） _____

他们再也没回来过 **8**
They never came back again

2 听句子，判断对错。 🎧 08-5
Listen to the following sentences and tell whether they are true or false.

（1）莎莉和大卫打算一起去看长城。　　　　　　　　　　（　　）

（2）黄河是中国人的母亲河，在中国很有名，在世界上也很有名。（　　）

（3）莎莉给大卫讲了奶奶的故事。　　　　　　　　　　　（　　）

（4）三十年前，奶奶带着爷爷来过三门峡。　　　　　　　（　　）

（5）今天莎莉拍了很多照片给爷爷看。　　　　　　　　　（　　）

3 听对话，选择正确答案。 🎧 08-6
Listen to the conversations and choose the correct answers.

（1）A. 没想好　　　　B. 想好了　　　　C. 还没想　　　　（　　）

（2）A. 不难　　　　　B. 一点儿也难　　C. 太难了　　　　（　　）

（3）A. 很了解中国历史　　　　　　B. 了解一点儿中国历史
　　　C. 一点儿也不了解中国历史　　　　　　　　　　　　（　　）

（4）A. 很不了解　　　B. 了解一点儿　　C. 非常了解　　　（　　）

（5）A. 来过多次　　　B. 来过一次　　　C. 没有　　　　　（　　）

4 听对话，选择正确答案。 🎧 08-7
Listen to the conversations and choose the correct answers.

（1）A. 黄河　　　　　B. 长江　　　　　C. 长城　　　　　（　　）

（2）A. 请个医生　　　B. 请个导游　　　C. 请个教师　　　（　　）

（3）A. 5464 公里　　　B. 6454 公里　　　C. 5466 公里　　　（　　）

（4）A. 房卡　　　　　B. 护照　　　　　C. 餐厅　　　　　（　　）

（5）A. 了解一点儿　　B. 一点儿也不了解　C. 非常了解　　（　　）

口语练习 Speaking Drills

5 听后重复。 🎧 08-8
Listen and repeat.

（1）＿＿＿＿＿＿＿＿＿＿＿＿＿＿＿＿＿＿＿＿＿＿＿＿＿＿

（2）_____
（3）_____
（4）_____
（5）_____

6 看图说话。
Look and say.

（1）_____

（2）_____

7 回答问题。
Answer the questions.

　　　　Nǐ zhīdào Huáng Hé ma?
（1）你 知道 黄 河 吗?

　　　　Nǐ xǐhuan lǚyóu ma? Nǐ qùguo nǎxiē dìfang?
（2）你 喜欢 旅游 吗? 你 去过 哪些 地方?

Lesson Nine

Tiāntiān duànliàn shēntǐ hǎo
天天锻炼身体好
Daily exercise keeps us healthy

热身
Warm-up

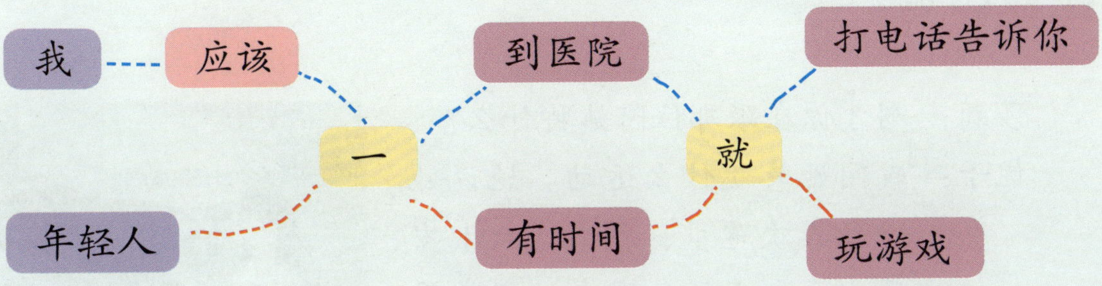

我 —— 应该 —— 到医院 —— 打电话告诉你
　　　　　　一　　　　　　就
年轻人 —— 　　　　 有时间 —— 玩游戏

课文 Text

课文 1 09-1

优子：你怎么又这么晚才回来？我一直在等你去跑步。
莎莉：对不起。刚才我在路上遇到了一个朋友，她有点儿不舒服，我送她去了校医院。
优子：不好意思，我刚才那么说你，你别生气。她没事儿吧？
莎莉：是我不对，我应该一到医院就打电话告诉你。她有点儿发烧。医生给她做了检查，开了一些药。她最近总是不舒服。
优子：她应该多锻炼锻炼。只有经常锻炼，身体才能健康。

课文 2 09-2

莎莉：刚才你在跟那位阿姨聊什么？
优子：我问她喜欢什么运动。她说她一直喜欢跑步、爬山，六十岁后才不爬山了。现在她经常跟朋友们一起跳舞。
莎莉：现在喜欢运动的都是老年人。
优子：是的，一些年轻人一有时间就玩游戏，对身体不好。只有好好锻炼，才能有好身体。

课文 3 09-3

优子在房间等莎莉一起去跑步。莎莉回来得有点儿晚了，因为她在路上遇到了一个朋友。朋友生病了，莎莉送她去了医院。优子认为，这个朋友应该多锻炼。

现在很多年轻人不爱运动，一有时间就玩游戏，对身体非常不好。每天锻炼的多是老年人，他们认为，天天锻炼身体好。

课文拼音 Texts in Pinyin

课文 1
Yōuzǐ: Nǐ zěnme yòu zhème wǎn cái huílái? Wǒ yìzhí zài děng nǐ qù pǎobù.
Shālì: Duìbuqǐ. Gāng cái wǒ zài lùshang yùdàole yí gè péngyou, tā yǒu diǎnr bù shūfu, wǒ sòng tā qùle xiào yīyuàn.
Yōuzǐ: Bù hǎo yìsi, wǒ gāngcái nàme shuō nǐ, nǐ bié shēngqì. Tā méishìr ba?
Shālì: Shì wǒ bú duì, wǒ yīnggāi yí dào yīyuàn jiù dǎ diànhuà gàosu nǐ. Tā yǒu diǎnr fāshāo. Yīshēng gěi tā zuòle jiǎnchá, kāile yìxiē yào. Tā zuìjìn zǒngshì bù shūfu.
Yōuzǐ: Tā yīnggāi duō duànliàn duànliàn. Zhǐyǒu jīngcháng duànliàn, shēntǐ cái néng jiànkāng.

课文 2
Shālì: Gāngcái nǐ zài gēn nà wèi āyí liáo shénme?
Yōuzǐ: Wǒ wèn tā xǐhuan shénme yùndòng. Tā shuō tā yìzhí xǐhuan pǎobù, pá shān, liùshí suì hòu cái bù pá shān le. Xiànzài tā jīngcháng gēn péngyoumen yìqǐ tiàowǔ.
Shālì: Xiànzài xǐhuan yùndòng de dōu shì lǎoniánrén.
Yōuzǐ: Shì de, yìxiē niánqīngrén yì yǒu shíjiān jiù wán yóuxì, duì shēntǐ bù hǎo. Zhǐyǒu hǎohǎo duànliàn, cái néng yǒu hǎo shēntǐ.

课文 3
Yōuzǐ zài fángjiān děng Shālì yìqǐ qù pǎobù. Shālì huílái de yǒu diǎnr wǎn le, yīnwèi tā zài lùshang yùdàole yí wèi péngyou. Péngyou shēngbìng le, Shālì sòng tā qù le yīyuàn. Yōuzǐ rènwéi, zhège péngyou yīnggāi duō duànliàn.

Xiànzài hěn duō niánqīngrén bú ài yùndòng, yì yǒu shíjiān jiù wán yóuxì, duì shēntǐ fēicháng bù hǎo. Měi tiān duànliàn de duō shì lǎoniánrén, tāmen rènwéi, tiāntiān duànliàn shēntǐ hǎo.

生词 New Words

刚才	gāngcái	n.	just now
生气	shēngqì	v.	to get angry
最近	zuìjìn	adv.	lately, recently
总是	zǒngshì	adv.	always
才	cái	conj.	only, not until
健康	jiànkāng	adj.	healthy
阿姨	āyí	n.	(a form of address for a woman of one's mother age) auntie
爬山	pá shān		to climb a mountain
经常	jīngcháng	adv.	often
老年	lǎonián	n.	old, elderly
年轻	niánqīng	adj.	young
游戏	yóuxì	n.	game

语法点 Language Points

1 副词"才"：可以表示主观上感觉事情或状态发生、出现得晚，前面常常有时间词，后面多为动词。例如：

The adverb "才" can be used to indicate a subjective reaction on the speaker's side, who feels that the action or state occurred at a late time. It is often preceded by time words and followed by verbs. For example:

他说星期三去北京，到星期五才走。（他走得很晚）

He said he'd be going to Beijing on Wednesday, but only left on Friday. (He left late)

大风到晚上才停了下来。（风停得很晚）

The wind only stopped blowing in the evening. (The wind stopped blowing very late)

你怎么才回来？（你回来得太晚了）

How come you're back only now? (You came back really late)

2 时间名词"刚才":可以放在动词前,也可以放在句首,表示动作刚刚发生,一般就是几分钟前发生的。例如:

The time noun "刚才" can be used before the verb or at the beginning of the sentence to indicate that the action just happened, usually a few minutes prior. For example:

我刚才看见王老师了。	I just saw teacher Wang.
我刚才买了十斤苹果。	I just bought 10 *Jin* of apples.
刚才我给妈妈打了一个电话。	I just called my mother.

3 "一 A 就 B":是一种紧缩句,A 和 B 可以是动词或动词性短语,也可以是形容词或形容词性短语,A 和 B 之间暗含着假设或条件关系。例如:

"一 A 就 B" is a type of contracted sentence, wherein A and B can be verbs or verb phrases, and can also be adjectives or adjective phrases. A hypothetical or conditional relationship is implied between A and B. For example:

他一有时间就读书。

He reads any moment he has time.

我打算一上班就买车。

I'm planning to buy a car as soon as I start working.

他一感冒就发烧。

The moment he gets a cold, he develops a fever.

练习 Drills

听力练习 Listening Drills

1 听对话,选择正确图片。 🎧 09-4

Listen to the conversations and choose the correct pictures.

A

B

C

D

E

（1）		（2）	
（3）		（4）	
（5）			

2 听句子，判断对错。 🎧 09-5

Listen to the following sentences and tell whether they are true or false.

（1）莎莉回来得有点儿晚了，因为今天作业太多。　　　　　　　（　）

（2）优子生病了，莎莉送她去了医院。　　　　　　　　　　　　（　）

（3）优子认为，这个朋友不用锻炼。　　　　　　　　　　　　　（　）

（4）现在很多年轻人不爱运动，一有时间就玩游戏，对身体非常不好。（　）

（5）很多老年人喜欢锻炼。　　　　　　　　　　　　　　　　　（　）

3 听对话，选择正确答案。 🎧 09-6

Listen to the conversations and choose the correct answers.

（1）A. 这里　　　　　B. 那里　　　　　C. 不知道在哪里　　（　）

（2）A. 换衣服　　　　B. 喝水　　　　　C. 找一本书　　　　（　）

（3）A. 一个小时　　　B. 很快　　　　　C. 明天　　　　　　（　）

（4）A. 可以　　　　　B. 太长　　　　　C. 太短　　　　　　（　）

（5）A. 很健康　　　　B. 不太好　　　　C. 还可以　　　　　（　）

4 听对话，选择正确答案。 🎧 09-7

Listen to the conversations and choose the correct answers.

（1）A. 太累了　　　　　B. 不舒服　　　　　　C. 太困了　　　　（　）

（2）A. 再坐一会儿　　　B. 马上走　　　　　　C. 明天走　　　　（　）

（3）A. 太早了　　　　　B. 有点儿早　　　　　C. 有点儿晚　　　（　）

（4）A. 坚持努力学习　　B. 努力复习几天就可以　C. 不必努力　　　（　）

（5）A. 不太健康　　　　B. 很健康　　　　　　C. 很不健康　　　（　）

口语练习 Speaking Drills

5 听后重复。 🎧 09-8
Listen and repeat.

（1）_____
（2）_____
（3）_____
（4）_____
（5）_____

6 看图说话。
Look and say.

（1）_____
_____
_____
_____

（2）_____
_____
_____
_____

7 回答问题。
Answer the questions.

（1）你喜欢运动吗？为什么？
Nǐ xǐhuan yùndòng ma? Wèi shénme?

_____

（2）你们国家的人喜欢什么样的运动？
Nǐmen guójiā de rén xǐhuan shénme yàng de yùndòng?

_____

10 Zhù nǐ shēngrì kuàilè
祝你生日快乐
Happy birthday to you

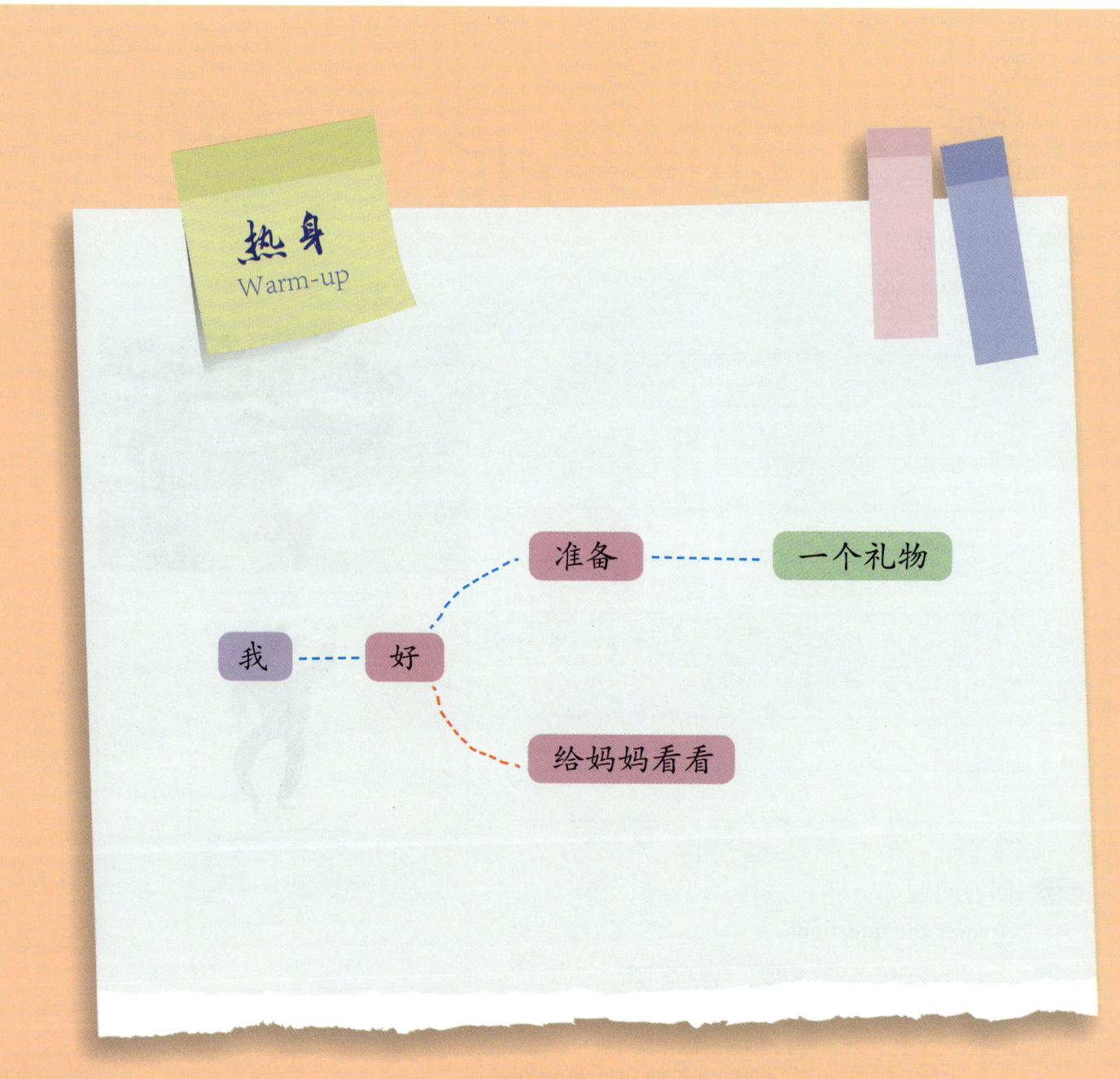

10 祝你生日快乐
Happy birthday to you

课文 Text

课文 1　10-1

大卫：老师，今天是莎莉的生日。在上课以前，我们用十分钟一起给她过个生日，可以吗？

王老师：当然可以。你们怎么不早点儿告诉我，我好准备个礼物啊。

大卫：我们大家已经给她准备了生日礼物，有蛋糕，还有花。一会儿您带我们一起唱个歌祝她生日快乐吧。

王老师：好的，我们一起唱《好一朵美丽的茉莉花》吧。祝她像花一样漂亮。

课文 2　10-2

王老师：现在我们大家一起唱一首歌送给你，祝你生日快乐。这首歌的名字叫《好一朵美丽的茉莉花》。

莎莉：大家唱得真好啊。这好听的歌声是你们给我的最好的生日礼物。

王老师：祝你每天像花一样美丽。

莎莉：谢谢老师，谢谢大家。在我来中国以前，妈妈担心我不习惯。后来妈妈放心了，因为有你们和我在一起。我很高兴遇到你们，我们一起拍张照片吧，我好给妈妈看看。

HSK 标准会话教程3
Standard Conversational Course 3

课文 3 10-3

今天是莎莉的生日。大家给莎莉准备了生日礼物。老师带大家一起唱了一首歌，祝莎莉生日快乐。莎莉非常感谢大家给她过生日。她觉得自己是最快乐的人。她说，在她来中国以前，妈妈很担心她不习惯。后来妈妈放心了，因为同学们都像一家人一样。最后，莎莉请大家一起拍了一张照片，好给妈妈看看。

课文拼音 Texts in Pinyin

课文 1
Dàwèi: Lǎoshī, jīntiān shì Shālì de shēngrì. Zài shàngkè yǐqián, wǒmen yòng shí fēnzhōng yìqǐ gěi tā guò gè shēngrì, kěyǐ ma?
Wáng lǎoshī: Dāngrán kěyǐ. Nǐmen zěnme bù zǎo diǎnr gàosu wǒ, wǒ hǎo zhǔnbèi gè lǐwù a.
Dàwèi: Wǒmen dàjiā yǐjīng gěi tā zhǔnbèile shēngrì lǐwù, yǒu dàngāo, háiyǒu huā. Yí huìr nín dài wǒmen yìqǐ chàng gè gē zhù tā shēngrì kuàilè ba.
Wáng lǎoshī: Hǎo de, wǒmen yìqǐ chàng《hǎo yì duǒ měilì de Mòlì huā》ba. Zhù tā xiàng huā yíyàng piàoliang.

课文 2
Wáng lǎoshī: Xiànzài wǒmen dàjiā yìqǐ chàng yì shǒu gē sònggěi nǐ, zhù nǐ shēngrì kuàilè. Zhè shǒu gē de míngzi jiào《hǎo yì duǒ měilì de Mòlì huā》.
Shālì: Dàjiā chàng de zhēn hǎo a. Zhè hǎotīng de gēshēng shì nǐmen gěi wǒ de zuì hǎo de shēngrì lǐwù.
Wáng lǎoshī: Zhù nǐ měi tiān xiàng huā yí yàng měilì.
Shālì: Xièxie lǎoshī, xièxie dàjiā. Zài wǒ lái Zhōngguó yǐqián, māma dānxīn wǒ bù xíguàn. Hòulái māma fàngxīn le, yīnwèi yǒu nǐmen hé wǒ zài yìqǐ. Wǒ hěn gāoxìng yù dào nǐmen, wǒmen yìqǐ pāi zhāng zhàopiàn ba, wǒ hǎo gěi māma kànkan.

课文 3
Jīntiān shì Shālì de shēngrì. Dàjiā gěi Shālì zhǔnbèile shēngrì lǐwù. Lǎoshī dài dàjiā yìqǐ chàngle yì shǒu gē, zhù Shālì shēngrì kuàilè. Shālì fēicháng gǎnxiè dàjiā gěi tā guò shēngrì. Tā juéde zìjǐ shì zuì kuàilè de rén. Tā shuō, zài tā lái Zhōngguó yǐqián, māma hěn dānxīn tā bù xíguàn. Hòulái māma fàngxīn le, yīnwèi tóngxué men dōu xiàng yì jiā rén yíyàng. Zuìhòu, Shālì qǐng dàjiā yìqǐ pāile yì zhāng zhàopiàn, hǎo gěi māma kànkan.

祝你生日快乐 10
Happy birthday to you

生词 New Words

过（生日）	guò (shēngrì)	v.	to spend, to pass, to celebrate (one's birthday)
礼物	lǐwù	n.	gift, present
蛋糕	dàngāo	n.	cake
花	huā	n.	flower
*朵	duǒ	m.	*used with flowers*
*美丽	měilì	adj.	beautiful
像	xiàng	v.	to be like, to resemble
*首	shǒu	m.	*used with poems, songs, etc.*
习惯	xíguàn	v.	to be used to
*感谢	gǎnxiè	v.	to thank

专有名词 Proper Nouns

*茉莉花	Mòlì huā	Jasmine

语法点 Language Points

1 "好+动词"："好"是动词，"好+动词"表示在具备某个条件后可以很方便地做某事。例如：

"好 + verb": "好" is a verb, "好 + verb" indicates that a thing can be easily achieved if certain conditions are met. For example:

你快点儿看这本书，你看完了我好看。
Hurry up and finish reading this book, so I can read it when you're done.

早上我们早点儿起床，好早点儿去机场。
Let's wake up early in the morning, so we can go to the airport early.

你早点儿学会开车，你爸爸好给你买车。
The sooner you learn how to drive, the sooner your dad will buy you a car.

2 "在……以前"：中间插入动词或动词性短语，构成介词短语，表示动作发生的时间点。例如：

"在……以前" is a prepositional phrase which contains a verb or verb phrase in the middle. It is used to indicate the point in time when the action occurs. For example:

在吃饭以前，我先给大家介绍一个人。

Before we start eating, let me introduce someone to you all.

在上大学以前，我特别喜欢历史。

I really liked history before going to university.

在结婚以前，我一直和爸爸妈妈住在一起。

I had always lived with my mom and dad before I got married.

3 "像……一样"：用一种事物来比喻另一种事物，这两种事物之间存在某种相似性。例如：

"像……一样" is used to compare two things which bear a similarity, by using one thing as the object of comparison of the other thing. For example:

她漂亮得像花一样。

She is beautiful like a flower.

他又瘦又高，像小树一样。

He's thin and tall, just like a young tree.

现在的电脑像人一样聪明。

Nowadays computers are as smart as people.

练习 Drills

听力练习 Listening Drills

1 听对话，选择正确图片。 🎧 10-4

Listen to the conversations and choose the correct pictures.

A

B

C

D

E

祝你生日快乐 **10**
Happy birthday to you

（1）		（2）	
（3）		（4）	
（5）			

2 听句子，判断对错。 🎧 10-5

Listen to the following sentences and tell whether they are true or false.

（1）今天莎莉要毕业了。　　　　　　　　　　　　　　　　（　　）

（2）大家给莎莉准备了生日礼物，一束花和一个蛋糕。　　　（　　）

（3）老师带大家一起唱了一首歌，祝莎莉生日快乐。　　　　（　　）

（4）莎莉今天并不快乐。　　　　　　　　　　　　　　　　（　　）

（5）莎莉说，在她来中国以前，妈妈一点儿也不担心。　　　（　　）

3 听对话，选择正确答案。 🎧 10-6

Listen to the conversations and choose the correct answers.

（1）A. 过生日　　　　B. 毕业　　　　C. 和朋友聚会　　（　　）

（2）A. 唱英文歌　　　B. 唱中文歌　　C. 跳舞　　　　　（　　）

（3）A. 桌子上　　　　B. 书架上　　　C. 椅子上　　　　（　　）

（4）A. 喜欢　　　　　B. 不喜欢　　　C. 不太喜欢　　　（　　）

（5）A. 不了解　　　　B. 不太了解　　C. 了解　　　　　（　　）

4 听对话，选择正确答案。 🎧 10-7

Listen to the conversations and choose the correct answers.

（1）A. 上课总是迟到　　B. 上班总是迟到　　C. 不喜欢睡觉　　（　　）

（2）A. 一般　　　　　　B. 非常好　　　　　C. 还可以　　　　（　　）

（3）A. 大家　　　　　　B. 莎莉　　　　　　C. 男的　　　　　（　　）

（4）A. 非常好　　　　　B. 一般　　　　　　C. 不太好　　　　（　　）

（5）A. 大卫的同学　　　B. 大卫的女朋友　　C. 大卫的妹妹　　（　　）

83

口语练习 Speaking Drills

5 听后重复。 🎧 10-8
Listen and repeat.

（1）_____
（2）_____
（3）_____
（4）_____
（5）_____

6 看图说话。
Look and say.

（1）_____

（2）_____

7 回答问题。
Answer the questions.

（1）Nǐ de shēngrì shì jǐ yuè jǐ hào?
你的生日是几月几号？

（2）Nǐ měi nián shì zěnme guò shēngrì de?
你每年是怎么过生日的？

（3）Nǐ zuì xǐhuan de shēngrì lǐwù shì shénme?
你最喜欢的生日礼物是什么？

第11课 哪有时间去看电影啊
Lesson Eleven — How can I find time to go to the cinema

热身 Warm-up

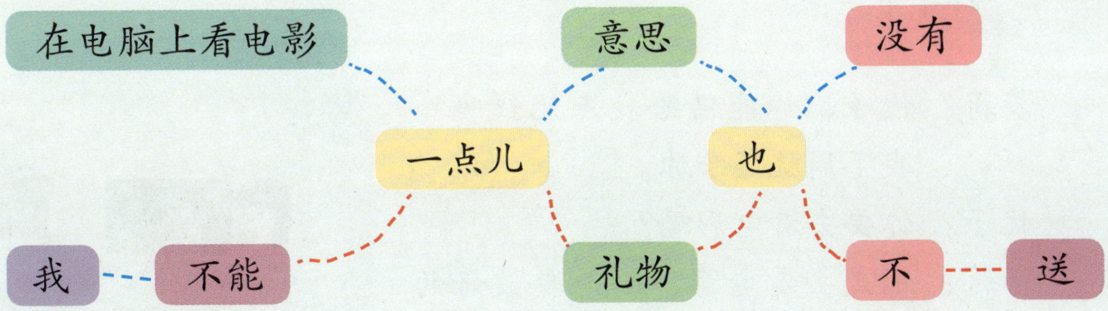

- 在电脑上看电影 —— 一点儿 —— 意思
- 也 —— 没有
- 我 —— 不能
- 礼物
- 不 —— 送

课文 Text

课文 1 11-1

优子：最近你怎么不去看电影了呢？
莎莉：最近太忙了，除了上课外，还要学画画儿，哪有时间去看电影啊。还有，这个月花钱花得太多了，如果再去两次电影院，就吃不上饭了。
优子：其实你不是没时间，而是没有钱了，对不对？看电影不一定要去电影院。你可以在电脑上看，又方便又便宜。
莎莉：但是我觉得在电脑上看电影，一点儿意思也没有。

课文 2 11-2

莎莉：优子，你能借给我点儿钱吗？我下周就还给你。
优子：你要去看电影吗？
莎莉：不是去看电影，而是我最好的朋友要结婚了，我要给她买个礼物。

优子：你还是个学生，哪有钱给她买礼物啊？
莎莉：我们是最好的朋友，结婚是大事，我不能一点儿礼物也不送。
优子：你等我一会儿，我去银行换一下钱。

课文 3 11-3

莎莉已经很长时间没去电影院看电影了，因为这个月花钱花得太多了。优子觉得在电脑上也可以看电影，但是莎莉觉得只有去电影院才是看电影。

莎莉的朋友要结婚了。她想给朋友送一个礼物，但是现在她手里已经没钱了。她只能跟优子借钱。优子觉得莎莉还是学生，不需要送朋友礼物。

课文拼音 Texts in Pinyin

课文 1
Yōuzǐ: Zuìjìn nǐ zěnme bú qù kàn diànyǐng le ne?
Shālì: Zuìjìn tài máng le, chúle shàngkè wài, hái yào xué huà huàr, nǎ yǒu shíjiān qù kàn diànyǐng a. Hái yǒu, zhège yuè huā qián huā de tài duō le, rúguǒ zài qù liǎng cì diànyǐng yuàn, jiù chī bú shàng fàn le.
Yōuzǐ: Qíshí nǐ bú shì méi shíjiān, ér shì méiyǒu qián le, duì bú duì? Kàn diànyǐng bù yídìng yào qù diànyǐngyuàn. Nǐ kěyǐ zài diànnǎo shang kàn, yòu fāngbiàn yòu piányi.
Shālì: Dànshì wǒ juéde zài diànnǎo shang kàn diànyǐng, yì diǎnr yìsi yě méiyǒu.

课文 2
Shālì: Yōuzǐ, nǐ néng jiè gěi wǒ diǎnr qián ma? Wǒ xià zhōu jiù huán gěi nǐ.
Yōuzǐ: Nǐ yào qù kàn diànyǐng ma?
Shālì: Bú shì qù kàn diànyǐng, ér shì wǒ zuì hǎo de péngyou yào jiéhūn le, wǒ yào gěi tā mǎi gè lǐwù.
Yōuzǐ: Nǐ hái shì gè xuésheng, nǎ yǒu qián gěi tā mǎi lǐwù a?
Shālì: Wǒmen shì zuì hǎo de péngyou, jiéhūn shì dàshì, wǒ bù néng yìdiǎnr lǐwù yě bú sòng.
Yōuzǐ: Nǐ děng wǒ yíhuìr, wǒ qù yínháng huàn yíxià qián.

课文 3
Shālì yǐjīng hěn cháng shíjiān méi qù diànyǐngyuàn kàn diànyǐng le, yīnwèi zhège yuè huāqián huā de tàiduō le. Yōuzǐ juéde zài diànnǎo shang yě kěyǐ kàn diànyǐng, dànshì Shālì juéde zhǐyǒu qù diànyǐngyuàn cái shì kàn diànyǐng.

Shālì de péngyou yào jiéhūn le. Tā xiǎng gěi péngyou sòng yí gè lǐwù, dànshì xiànzài tā shǒuli yǐjīng méi qián le. Tā zhǐ néng gēn Yōuzǐ jiè qián. Yōuzǐ juéde Shālì hái shì xuésheng, bù xūyào sòng péngyou lǐwù.

生词 New Words

电影院	diànyǐngyuàn	n.	cinema
借	jiè	v.	to borrow, to lend
还	huán	v.	to return
结婚	jiéhūn	v.	to marry, to get married
银行	yínháng	n.	bank

语法点 Language Points

1 用"哪儿"的反问句："哪儿"在这里不表示疑问，只表示反问语气，构成反问句，表示与字面意思相反的意义。例如：

Rhetorical questions with "哪儿": in this type of sentence, "哪儿" doesn't indicate a question, but rather has a rhetorical tone. Rhetorical questions express the exact opposite of what is literally being said. For example:

他刚工作一年，哪儿有钱结婚啊？（意思是他没有钱）

He's only been working for one year, he has no money to get married.

今天天气这么好，哪儿会下雨啊？（意思是不会下雨）

The weather is really great today, how can it rain?

最近太忙了，哪儿有时间去买衣服？（意思是没有时间）

I've been really busy recently, I have no time to go shopping for clothes.

2 "不是A，而是B"：A和B是并列关系，用"不是A，而是B"表示两种事物或行为的对比关系。例如：

"不是A, 而是B" is used to indicate the contrast between two things or actions, wherein A and B are juxtaposed. For example:

他不是不爱运动，而是没时间运动。

It's not that he doesn't like exercising, he just doesn't have time for it.

我买这个西瓜，不是因为它甜，而是因为它便宜。

I'm not buying this watermelon because it's sweet, but because it's cheap.

不是我想住在学校，而是我爸妈让我住在学校，他们觉得学校安全。

It's not me who wants to live at school, but my parents want me to live there, because they think the school is a safe place.

3 "一点儿 + 名词 + 也 / 都不 / 没 + 动词"：表示完全否定。例如：

"一点儿 + noun + 也/都不/没 + verb" is a fixed structure used to indicate an absolute negation. For example:

今天莎莉不太舒服，一点儿东西也没吃。

Sally isn't feeling very well today, she hasn't eaten anything at all.

大家都觉得这个电影有意思，但是我一点儿兴趣都没有。

Everyone thinks this is an interesting movie, but I'm not interested in the slightest.

弟弟找不到工作，我一点儿办法都没有。

My brother is unable to find work, but there's nothing I can do to help him.

练习 Drills

听力练习 Listening Drills

1 听对话，选择正确图片。 🎧 11-4

Listen to the conversations and choose the correct pictures.

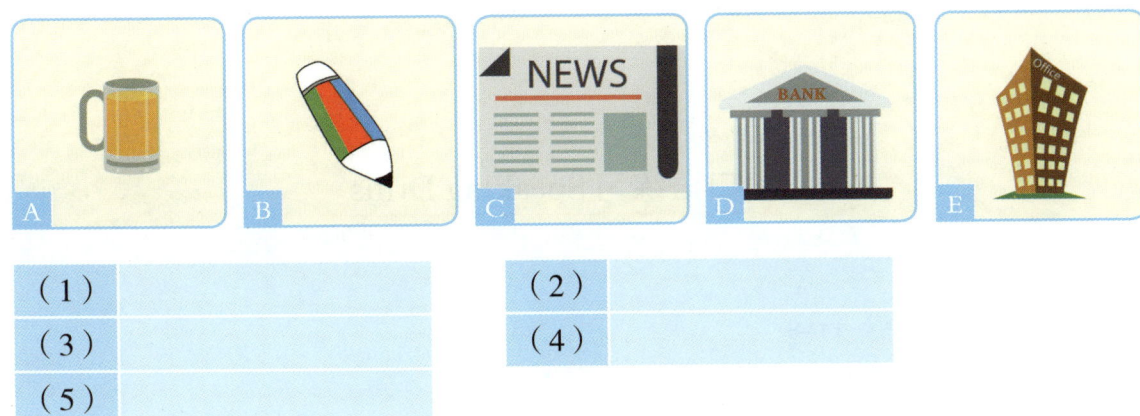

（1）	（2）
（3）	（4）
（5）	

2 听句子，判断对错。 🎧 11-5

Listen to the following sentences and tell whether they are true or false.

（1）莎莉已经很长时间没去电影院看电影了，因为她很忙。　　　　（　　）

（2）莎莉觉得只有去电影院才是看电影。　　　　（　　）

（3）莎莉的朋友要毕业了。　　　　（　　）

（4）她想给朋友送一个礼物，但是现在她没有时间。　　　　（　　）

（5）优子觉得莎莉还是学生，不需要给朋友送礼物。　　　　（　　）

3 听对话，选择正确答案。 🎧 11-6

Listen to the conversations and choose the correct answers.

（1）A. 换钱　　　　B. 买东西　　　　C. 吃饭　　　　（　　）

（2）A. 明天　　　　B. 明年　　　　　C. 下个月　　　（　　）

（3）A. 借一本书　　B. 借一本汉语词典　C. 借一把椅子　（　　）

（4）A. 三千块　　　B. 一千块　　　　　C. 两千块　　　（　　）

（5）A. 很忙　　　　B. 不太忙　　　　　C. 一点儿也不忙（　　）

4 听对话，选择正确答案。 🎧 11-7

Listen to the conversations and choose the correct answers.

（1）A. 不想去　　　B. 想去　　　　　C. 不知道　　　（　　）

（2）A. 不到一千人　B. 正好一千人　　C. 一千多人　　（　　）

（3）A. 在公园门口　B. 在公司门口　　C. 在学校门口　（　　）

（4）A. 很强　　　　B. 一般　　　　　C. 很差　　　　（　　）

（5）A. 八点　　　　B. 七点　　　　　C. 九点　　　　（　　）

口语练习 Speaking Drills

5 听后重复。 🎧 11-8

Listen and repeat.

（1）_____

（2）_____

（3）_____

（4）_____

（5）_____

6 看图说话。
Look and say.

（1）_____

（2）_____

7 回答问题。
Answer the questions.

（1）Nǐ xǐhuan kàn shénme diànyǐng?
　　你 喜 欢 看 什 么 电 影？

（2）Zài nǐmen guójiā péngyou jiéhūn sòng shénme lǐwù?
　　在 你们 国家 朋 友 结婚 送 什 么 礼物？

12 Lesson Twelve

Zhè běn shū hǎokàn jí le
这本书好看极了
This book is super interesting

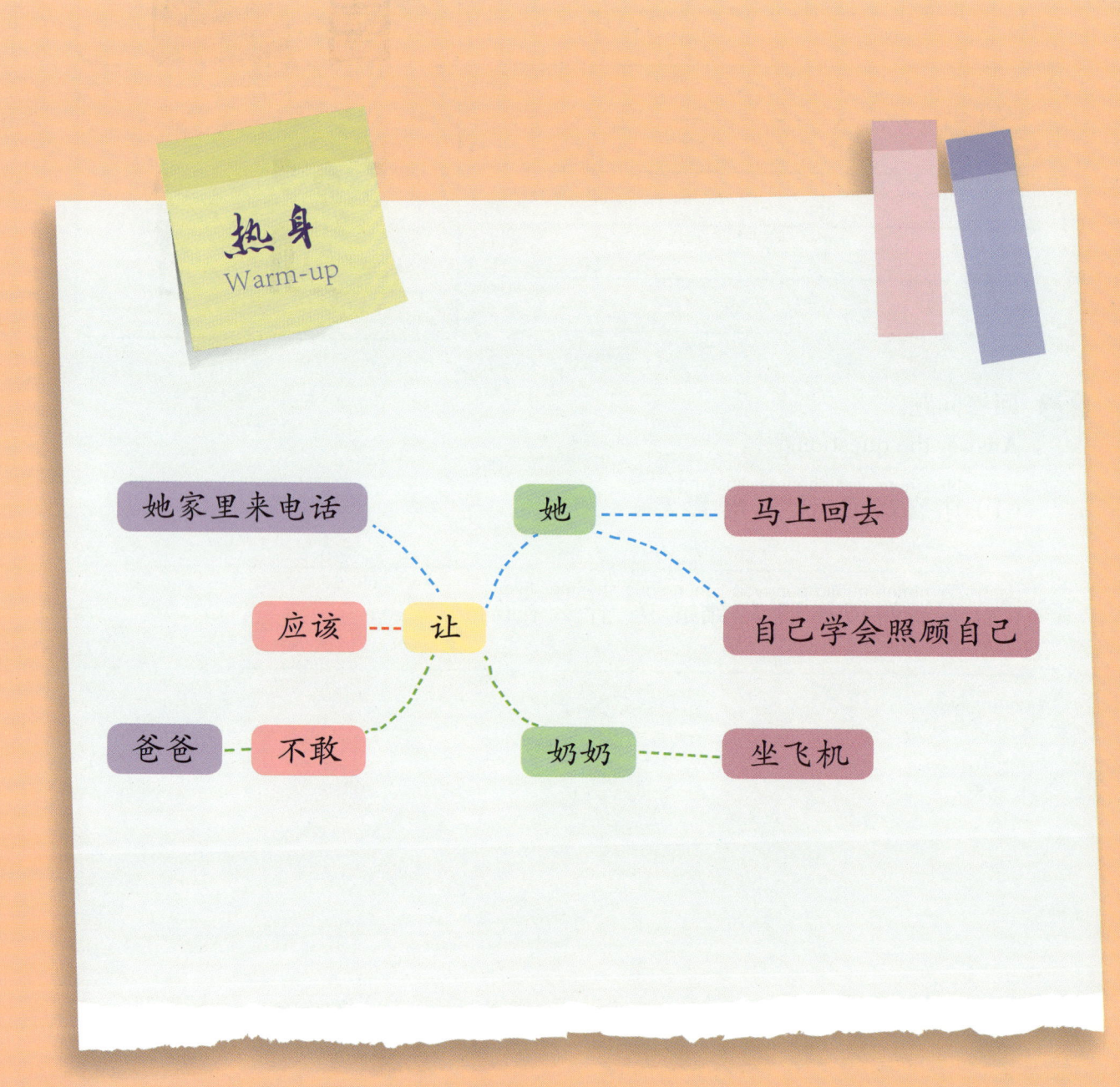

12 这本书好看极了
This book is super interesting

课文 Text

课文 1 ▶ 12-1

大卫：明天上午我们练习一下留学生晚会的节目，好吗？就一个小时。

莎莉：换一个时间，可以吗？明天上午我要去机场送优子。

大卫：优子怎么了，要回国吗？

莎莉：她家里来电话说，她奶奶生病了，让她马上回去。她担心极了。

大卫：今天早上在路上遇到她的时候，我看见她眼睛红红的，但是我没敢问她。她几点去机场？我也去送送她。

莎莉：她打算早上八点一刻从学校走。

课文 2 ▶ 12-2

大卫：东西都带好了吗？你什么时候回来？

优子：东西都带好了，就这一个行李箱。奶奶的病一好我就回来。

大卫：你别着急，回家后好好照顾照顾老人家。她就是想你了。

优子：是的。奶奶开始打算送我来中国，但是爸爸不同意。他说："优子长大了，应该让她自己学会照顾自己。"其实，爸爸是担心奶奶的身体，不敢让她坐飞机。对了，这本书是你的，真的好看极了，还给你。还有，这几本书是图书馆的，你帮我还给图书馆，可以吗？

课文 3 12-3

留学生晚会上，大卫和莎莉要一起表演一个节目。大卫希望和莎莉一起练习一下。但是莎莉没时间，她要送优子去机场。

优子的奶奶病了。她很担心奶奶的身体，所以一放下电话就马上买了回国的机票。

大卫也来跟优子说再见。优子请大卫帮忙，把从图书馆借的书还回去。

课文拼音 Texts in Pinyin

课文 1　Dàwèi: Míngtiān shàngwǔ wǒmen liànxí yíxià liúxuéshēng wǎnhuì de jiémù, hǎo ma? Jiù yí gè xiǎoshí.

　　　　Shālì: Huàn yí gè shíjiān, kěyǐ ma? Míngtiān shàngwǔ wǒ yào qù jīchǎng sòng Yōuzǐ.

　　　　Dàwèi: Yōuzǐ zěnme le, yào huí guó ma?

　　　　Shālì: Tā jiāli lái diànhuà shuō, tā nǎinai shēngbìng le, ràng tā mǎshàng huíqù. Tā dānxīn jí le.

　　　　Dàwèi: Jīntiān zǎoshang zài lù shang yùdào tā de shíhou, wǒ kànjiàn tā yǎnjing hónghóng de, dànshì wǒ méi gǎn wèn tā. Tā jǐ diǎn qù jīchǎng? Wǒ yě qù sòngsong tā.

　　　　Shālì: Tā dǎsuàn zǎoshang bā diǎn yí kè cóng xuéxiào zǒu.

课文 2　Dàwèi: Dōngxi dōu dàihǎo le ma? Nǐ shénme shíhou huílái?

　　　　Yōuzǐ: Dōngxi dōu dàihǎo le, jiù zhè yí gè xíngli xiāng. Nǎinai de bìng yì hǎo wǒ jiù huílái.

　　　　Dàwèi: Nǐ bié zháojí, huíjiā hòu hǎohǎo zhàogù zhàogù lǎorenjia. Tā jiùshì xiǎng nǐ le.

　　　　Yōuzǐ: Shìde. Nǎinai kāishǐ dǎsuàn sòng wǒ lái Zhōngguó, dànshì bàba bù tóngyì. Tā shuō: "Yōuzǐ zhǎng dà le, yīnggāi ràng tā zìjǐ xuéhuì zhàogù zìjǐ." Qíshí, bàba shì dānxīn nǎinai de shēntǐ, bù gǎn ràng tā zuò fēijī. Duìle, zhè běn shū shì nǐ de, zhēn de hǎokàn jí le, huán gěi nǐ. Hái yǒu, zhè jǐ běn shū shì túshūguǎn de, nǐ bāng wǒ huán gěi túshūguǎn, kěyǐ ma?

这本书好看极了
This book is super interesting 12

课文 3　　Liúxuésheng wǎnhuì shang, Dàwèi hé Shālì yào yìqǐ biǎoyǎn yí gè jiémù. Dàwèi xīwàng hé Shālì yìqǐ liànxí yíxià. Dànshì Shālì méi shíjiān, tā yào sòng Yōuzǐ qù jīchǎng.

　　Yōuzǐ de nǎinai bìng le. Tā hěn dānxīn nǎinai de shēntǐ, suǒyǐ yí fàng xià diànhuà jiù mǎshàng mǎile huí guó de jīpiào.

　　Dàwèi yě lái gēn Yōuzǐ shuō zàijiàn. Yōuzǐ qǐng Dàwèi bāngmáng, bǎ cóng túshūguǎn jiè de shū huán huíqù.

生词 New Words

练习	liànxí	v.	to exercise
留学生	liúxuéshēng	n.	international student
*晚会	wǎnhuì	n.	evening party
节目	jiémù	n.	programme
就	jiù	adv.	only, just
极	jí	adv.	extremely
敢	gǎn	mod.	to dare
刻	kè	m.	quarter (of an hour)
行李箱	xíngli xiāng	n.	luggage, suitcase
老人家	lǎorenjia	n.	*used to refer to a venerable old person*
*表演	biǎoyǎn	v.	to perform
放（下电话）	fàng(xià diànhuà)	v.	to put (down the phone)
帮忙	bāngmáng	v.	to help

语法点 Language Points

1　　"兼语句"：含有兼语短语的句子通常叫作兼语句。兼语短语是由一个动宾短语和一个主谓短语套在一起构成的，动宾短语的宾语兼做后面主谓短语的主语。例如：

　　Pivotal sentences: sentences containing pivotal phrases are commonly called pivotal sentences. Pivotal phrases are formed by putting a verb-object phrase and a subject-verb phrase together, wherein the object in the verb-object phrase also functions as the subject in the subject-verb phrase. For example:

爸爸让我马上回家。

Dad asked me to go back home immediately.

"让我马上回家"是兼语短语。"让我"是一个动宾短语，宾语"我"兼做后面主谓短语"我马上回家"的主语。

"让我马上回家" is a pivotal phrase. "让我" is a verb-object phrase and the object "我" doubles as the subject in the succeeding subject-verb phrase "我马上回家".

这个好消息让我高兴了好几天。

This good news made me really happy for several days.

妈妈让我天天锻炼身体。

Mom asked me to exercise daily.

2 程度补语"极了"：副词"极"可以做补语，表示达到非常高的程度，但前头不能用"得"，后面一般带"了"。例如：

The complement of degree "极了": the adverb "极" can act as the complement, indicating that a very high degree has been reached. It cannot be preceded by "得", and it's generally followed by "了". For example:

他最近忙极了，一点时间都没有。

He's been extremely busy lately, has no free time at all.

这道菜好吃极了，大家都喜欢。

This dish is extraordinarily delicious, everyone likes it.

你的中文发音好极了。

Your Chinese pronunciation is excellent.

3 助动词"敢"：表示有胆量做某种事情。例如：

"敢" is an auxiliary verb used to indicate the courage to do something. For example:

你敢骑马吗？

Do you dare to ride a horse?

那部电影太可怕了，我不敢看。

That movie is too scary, I don't dare to watch it.

你怎么敢不去上课呢？

How are you so bold as to not go to class?

这本书好看极了
This book is super interesting 12

练习 Drills

听力练习 Listening Drills

1 听对话，选择正确图片。 🎧 12-4
Listen to the conversations and choose the correct pictures.

A B C D E

（1）　　　　　　　（2）
（3）　　　　　　　（4）
（5）

2 听句子，判断对错。🎧 12-5
Listen to the following sentences and tell whether they are true or false.

（1）留学生晚会上，大卫要自己表演一个节目。　　　　（　）
（2）大卫希望和莎莉一起练习一下。　　　　　　　　　（　）
（3）莎莉没时间练习表演，她要送优子去机场。　　　　（　）
（4）优子很担心爸爸的身体，买了回国的机票看爸爸。　（　）
（5）优子请大卫帮忙把从图书馆借的书还回去。　　　　（　）

3 听对话，选择正确答案。🎧 12-6
Listen to the conversations and choose the correct answers.

（1）A. 帮他还书　　　B. 帮他买票　　　C. 帮他叫出租车　（　）
（2）A. 吃饭　　　　　B. 翻译　　　　　C. 练习发音　　　（　）
（3）A. 俄罗斯　　　　B. 日本　　　　　C. 韩国　　　　　（　）
（4）A. 老人家　　　　B. 老师　　　　　C. 人家　　　　　（　）
（5）A. 今天没有时间看电影　B. 一点儿也不忙　C. 她要去旅行　（　）

97

4 听对话，选择正确答案。 12-7

Listen to the conversations and choose the correct answers.

（1）A. 不想去　　B. 没时间　　C. 不知道　　（　）

（2）A. 马上　　　B. 等一下　　C. 一个小时以后　（　）

（3）A. 很远　　　B. 漂亮极了　C. 没意思　　（　）

（4）A. 老师　　　B. 女朋友　　C. 男朋友　　（　）

（5）A. 不知道　　B. 不敢　　　C. 敢　　　　（　）

口语练习 Speaking Drills

5 听后重复。 12-8

Listen and repeat.

（1）_____

（2）_____

（3）_____

（4）_____

（5）_____

6 看图说话。

Look and say.

（1）_____

（2）_____

_____

_____

_____

7 回答问题。

Answer the questions.

（1）你喜欢 表演 吗?
　　　Nǐ xǐhuan biǎoyǎn ma?

_____

（2）你喜欢 看 什么 书?
　　　Nǐ xǐhuan kàn shénme shū?

_____

Lesson Thirteen 13

Zhǐyào nǔlì jiù néng chénggōng
只要努力就能成功
You will succeed as long as you work hard

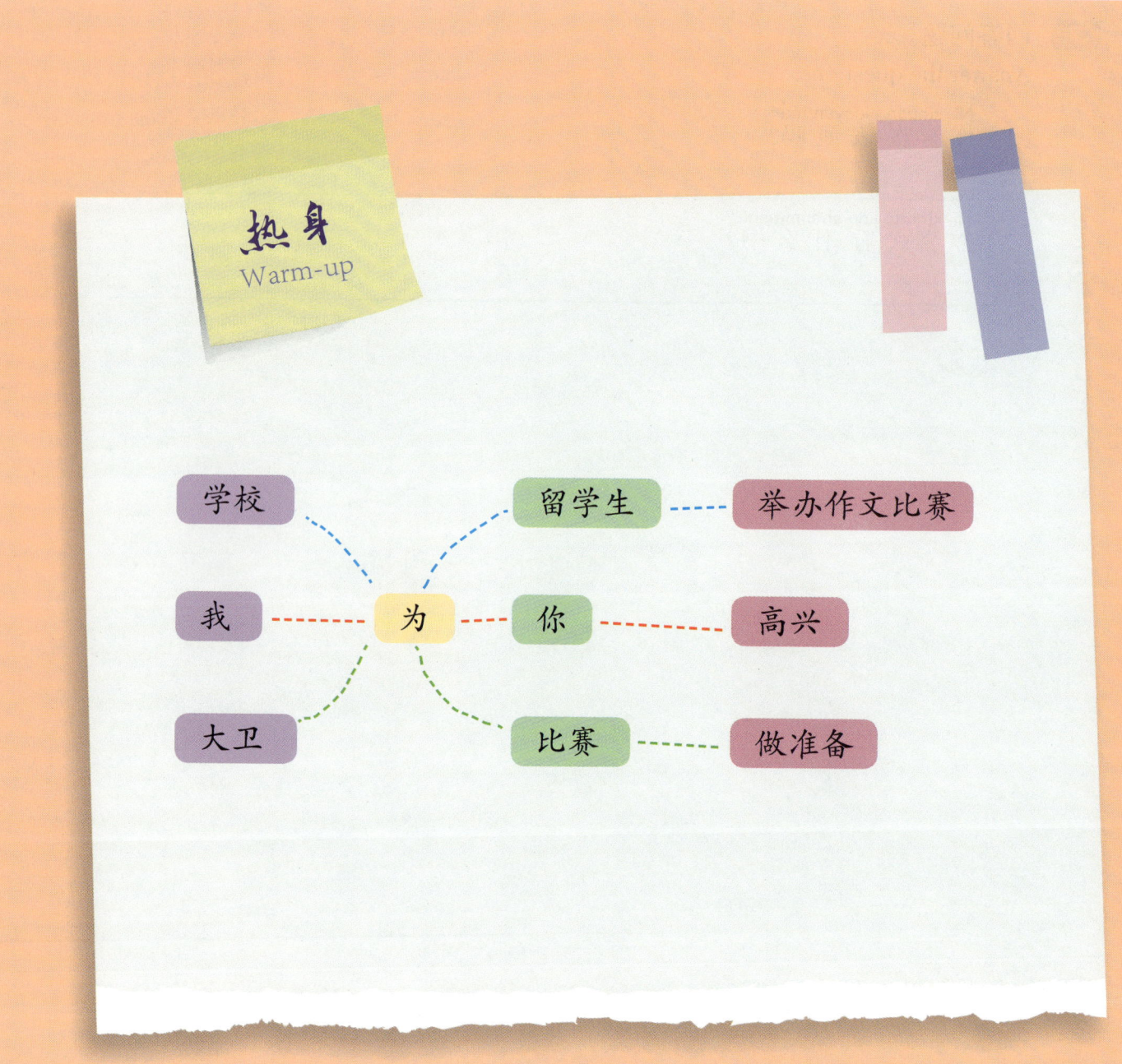

只要努力就能成功
You will succeed as long as you work hard 13

课文 Text

课文 1 13-1

王老师：学校为留学生举办作文比赛，希望大家都能参加。
大卫：老师，作文比赛都有哪些要求？
王老师：比赛要求很简单。第一，写一件有意思的事儿；第二，要手写；第三，写400字。
大卫：第一条和第三条要求都没什么，就是第二条太让人难过了。为什么必须要求手写呢？
王老师：其实是为了让大家了解写字的重要性。比赛时，只要认真写就可以。

课文 2 13-2

王老师：上个星期留学生作文比赛结束了，今天比赛结果已经出来了。
大卫：老师，比赛结果怎么样？
王老师：你得了"最佳故事奖"，真为你高兴。
大卫：谢谢老师。我能取得这个成绩，离不开您的帮助。为了让我得到好成绩，您花了那么多时间。
王老师：这主要是你自己努力的结果。要相信，只要努力就能成功。

课文 3 13-3

学校举办留学生作文比赛,王老师希望大家都能参加。根据比赛要求,作文必须手写。大卫想参加比赛,但是很担心自己的字写得不好。王老师说,只要认真写就可以了。

大卫非常认真地为比赛做准备。为了让大卫得到好成绩,王老师花了很多时间。比赛结果出来了,大卫得了"最佳故事奖",他很感谢王老师。

课文拼音 Texts in Pinyin

课文 1

Wáng lǎoshī: Xuéxiào wèi liúxuéshēng jǔbàn zuòwén bǐsài, xīwàng dàjiā dōu néng cānjiā.
Dàwèi: Lǎoshī, zuòwén bǐsài dōu yǒu nǎ xiē yāoqiú?
Wáng lǎoshī: Bǐsài yāoqiú hěn jiǎndān. Dì-yī, xiě yí jiàn yǒu yìsi de shìr; dì-èr, yào shǒuxiě; dì-sān, xiě sìbǎi zì.
Dàwèi: Dì-yī tiáo hé dì-sān tiáo yāoqiú dōu méi shénme, jiùshì dì-èr tiáo tài ràng rén nánguò le. Wèi shénme bìxū yāoqiú shǒuxiě ne?
Wáng lǎoshī: Qíshí shì wèile ràng dàjiā liǎojiě xiězì de zhòngyào xìng. Bǐsài shí, zhǐyào rènzhēn xiě jiù kěyǐ.

课文 2

Wáng lǎoshī: Shàng gè xīngqī liúxuéshēng zuòwén bǐsài jiéshù le, jīntiān bǐsài jiéguǒ yǐjīng chūlái le.
Dàwèi: Lǎoshī, bǐsài jiéguǒ zěnme yàng?
Wáng lǎoshī: Nǐ déle "zuìjiā gùshi jiǎng", zhēn wèi nǐ gāoxìng.
Dàwèi: Xièxie lǎoshī. Wǒ néng qǔdé zhège chéngjì, lí bù kāi nín de bāngzhù. Wèile ràng wǒ dédào hǎo chéngjì, nín huāle nàme duō shíjiān.
Wáng lǎoshī: Zhè zhǔyào shì nǐ zìjǐ nǔlì de jiéguǒ. Yào xiāngxìn, zhǐyào nǔlì jiù néng chénggōng.

只要努力就能成功
You will succeed as long as you work hard 13

课文 3

Xuéxiào jǔbàn liúxuéshēng zuòwén bǐsài, Wáng lǎoshī xīwàng dàjiā dōu néng cānjiā. Gēnjù bǐsài yāoqiú, zuòwén bìxū shǒuxiě. Dàwèi xiǎng cānjiā bǐsài, dànshì hěn dānxīn zìjǐ de zì xiě de bù hǎo. Wáng lǎoshī shuō, zhǐyào rènzhēn xiě jiù kěyǐ le.

Dàwèi fēicháng rènzhēn de wèi bǐsài zuò zhǔnbèi. Wèile ràng Dàwèi dédào hǎo chéngjì, Wáng lǎoshī huāle hěn duō shíjiān. Bǐsài jiéguǒ chūlái le, Dàwèi dé le "zuìjiā gùshi jiǎng", tā hěn gǎnxiè Wáng lǎoshī.

生词 New Words

为	wèi	prep.	for
*举办	jǔbàn	v.	to hold, to conduct
*作文	zuòwén	n.	composition
比赛	bǐsài	n.	match, competition
参加	cānjiā	v.	to participate
要求	yāoqiú	n.	requirement
简单	jiǎndān	adj.	simple
难过	nánguò	adj.	sad
为了	wèile	prep.	for, in order to
*只要	zhǐyào	conj.	as long as, provided
*结果	jiéguǒ	n.	result
*佳	jiā	adj.	food, fine
*取得	qǔdé	v.	to acquire
主要	zhǔyào	adj.	main
*成功	chénggōng	v.	success
根据	gēnjù	prep.	according to, based on

语法点 Language Points

1 介词"为":表示服务的对象。例如:

"为" is a preposition used to indicate the object of one's service. For example:

妈妈为孩子打扫房间。

Mom is cleaning the room for her kid.

医生为病人看病。

Doctors examine patients.

他觉得自己是在为爸爸妈妈学习。

He feels like he's studying for his parents.

2 介词"为了":表示目的。例如:

"为了" is a preposition used to indicate the purpose. For example:

为了学好中文,他每天用手机听普通话节目。

He listens to Mandarin programs on his phone every day in order to learn Chinese better.

为了方便学生,学校同意学生免费坐车。

In order to make it more convenient for students, the school has agreed that they take the bus for free.

为了帮助大卫准备比赛,王老师花了很多时间。

Teacher Wang spent a lot of time on helping David prepare for the competition.

3 假设复句"只要A,就B":连词"只要"和副词"就"组成的表示条件关系的复句,A是条件,B是结果,意思是出现条件A,就会出现结果B。例如:

The hypothetical sentence "只要A, 就B": the conjunction "只要" and the adverb "就" form a complex sentence based on a condition, wherein A is the condition and B is the result, in other words, if condition A appears, result B will appear as well. For example:

你只要努力学习,就一定能取得好成绩。

You'll surely get good results as long as you study hard.

只要我有一碗饭,就一定不会让你饿着。

As long as I have food, you'll be sure not to starve.

只要客人不满意,经理就会说对不起。

The manager apologizes anytime the customers aren't satisfied.

注意:一个主语时,"只要+主语"或"主语+只要"都可以。两个主语时,第二个主语在"就"前。

Attention: when there is only one subject, both "只要 + subject" and "subject + 只要" are accepted. If there are two subjects, the second subject is placed in front of "就".

练习 Drills

听力练习 Listening Drills

1 听对话，选择正确图片。 🎧 13-4

Listen to the conversations and choose the correct pictures.

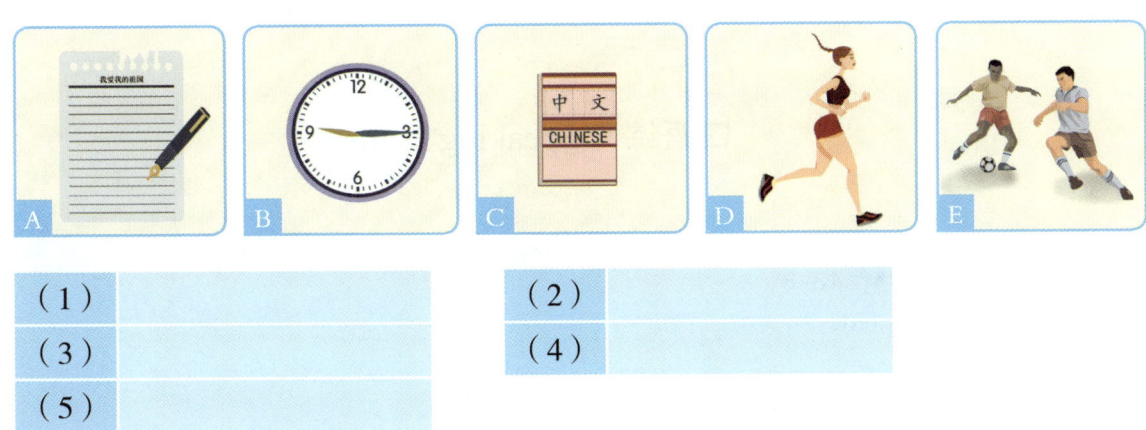

（1）_____   （2）_____
（3）_____   （4）_____
（5）_____

2 听句子，判断对错。 🎧 13-5

Listen to the following sentences and tell whether they are true or false.

（1）学校要举办留学生作文比赛，李老师希望大家都能参加。　（　　）

（2）根据比赛要求，作文必须手写。　（　　）

（3）大卫想参加比赛，觉得自己的字写得很好。　（　　）

（4）大卫非常认真地为比赛做准备。　（　　）

（5）为了让大卫得到好成绩，王老师花了很多钱。　（　　）

3 听对话，选择正确答案。 🎧 13-6

Listen to the conversations and choose the correct answers.

（1）A. 可能成功　　　B. 一定能成功　　　C. 不一定能成功　（　　）

（2）A. 比赛赢了　　　　B. 比赛输了　　　　C. 比赛没有举行　　（　　）

（3）A. 不参加　　　　　B. 参加　　　　　　C. 没决定　　　　　（　　）

（4）A. 很难　　　　　　B. 有点儿难　　　　C. 非常简单　　　　（　　）

（5）A. 一条河　　　　　B. 一只鸟　　　　　C. 一朵花　　　　　（　　）

4 听对话，选择正确答案。 🎧 13-7

Listen to the conversations and choose the correct answers.

（1）A. 很好　　　　　　B. 不太好　　　　　C. 还可以　　　　　（　　）

（2）A. 300 字　　　　　B. 50 字　　　　　　C. 500 字　　　　　（　　）

（3）A. 旅游　　　　　　B. 学中文　　　　　C. 看朋友　　　　　（　　）

（4）A. 中国菜很不好吃　　B. 中国菜很辣　　　C. 中国菜很好吃　　（　　）

（5）A. 复习　　　　　　B. 学习　　　　　　C. 考试　　　　　　（　　）

口语练习 Speaking Drills

5 听后重复。 🎧 13-8

Listen and repeat.

（1）_____

（2）_____

（3）_____

（4）_____

（5）_____

6 看图说话。

Look and say.

（1）_____

_____

_____

_____

（2）_____

7 回答问题。
Answer the questions.

（1）你喜欢写作文吗?
Nǐ xǐhuan xiě zuòwén ma?

_____

（2）你参加过画画儿比赛或者作文比赛吗?
Nǐ cānjiāguo huà huàr bǐsài huòzhě zuòwén bǐsài ma?

_____

Lesson Fourteen 14

Hé nǐ de míngzi yǒu diǎnr xiàng
和你的名字有点儿像
It sounds a bit like your name

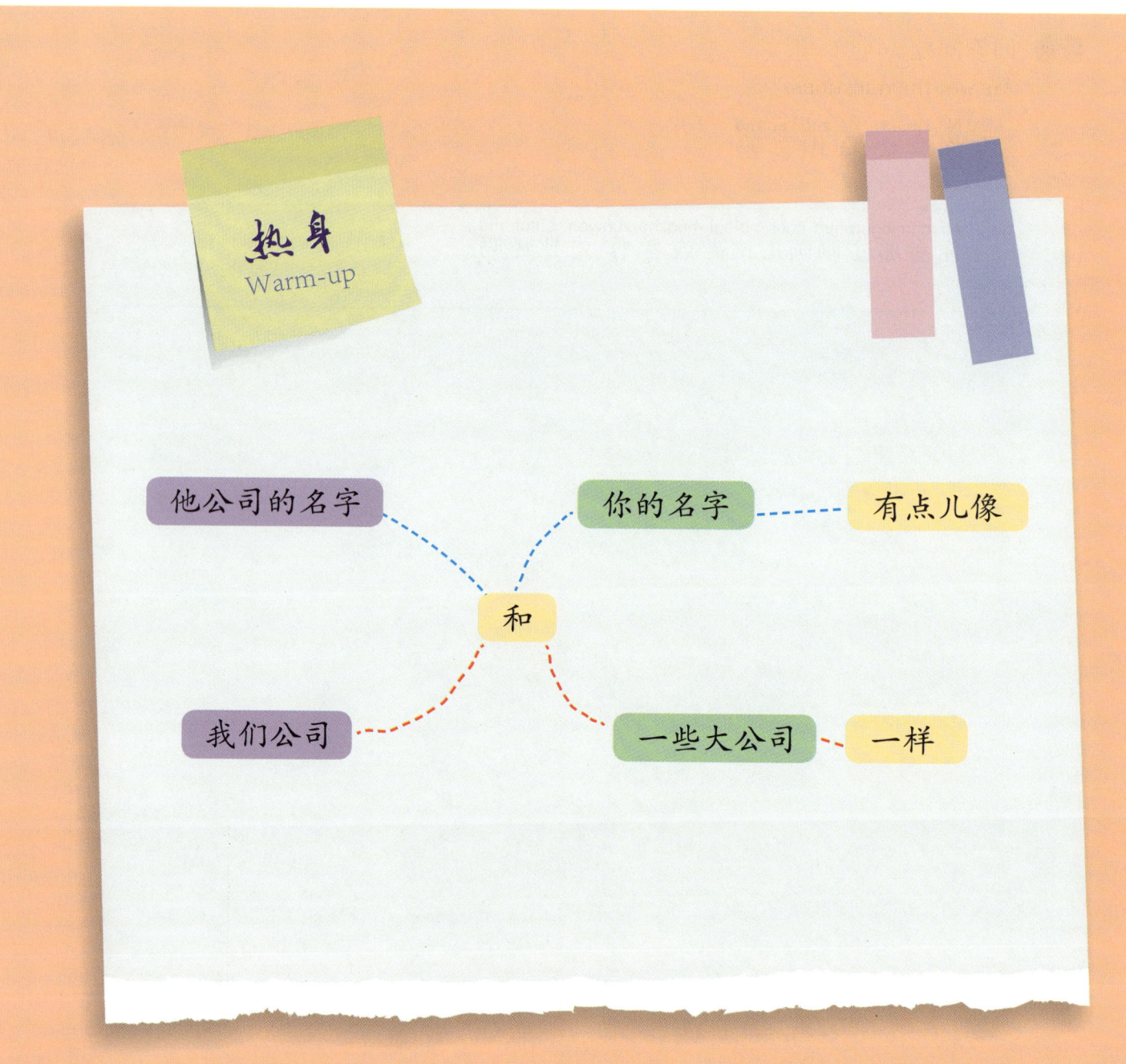

14 和你的名字有点儿像
It sounds a bit like your name

课文 Text

课文 1　14-1

莎莉：好久没见尼克了。现在他在哪儿上班？

大卫：他在一家很有名的电影公司上班，叫什么名字我忘了，只记得和你的名字有点儿像。

莎莉：他公司叫什么名字不重要，重要的是这个工作真好，一定经常有机会遇到电影明星吧？

大卫：这个我没听他说过，我想机会应该很多。

莎莉：他们公司在哪儿？

大卫：离我们学校不太远，那次我们一边走路，一边聊天，只用了不到半个小时。骑自行车去的话，应该用不了十分钟。

课文 2　14-2

大卫：最近你怎么总是在家，不用去上班了吗？

尼克：我们公司现在不要求坐班了。现在上网这么方便，有事的话，大家就上网开会。

大卫：你们公司真好。在家办公可以一边工作，一边照顾家里，不用花时间在路上，也不用担心刮风下雨。

尼克：是的，现在在家工作的公司越来越多了，我们公司和一些大公司一样，也同意大家网上办公了。

课文 3 14-3

尼克在一家电影公司上班。公司离他家很近，他可以走路上班，也可以骑自行车上班。这个工作非常好，不但能经常见到电影明星，而且可以在家办公。因为现在上网越来越方便了。

我觉得在家上班很舒服，可以一边工作，一边照顾家里，不用在路上花时间，也不用担心春夏秋冬的天气变化。

课文拼音 Texts in Pinyin

课文 1   Shālì: Hǎojiǔ méi jiàn Níkè le. Xiànzài tā zài nǎr shàngbān?
Dàwèi: Tā zài yì jiā hěn yǒumíng de diànyǐng gōngsī shàngbān, jiào shénme míngzi wǒ wàng le, zhǐ jìde hé nǐ de míngzi yǒu diǎnr xiàng.
Shālì: Tā gōngsī jiào shénme míngzi bú zhòngyào, zhòngyào de shì zhège gōngzuò zhēn hǎo, yídìng jīngcháng yǒu jīhuì yùdào diànyǐng míngxīng ba?
Dàwèi: Zhège wǒ méi tīng tā shuōguò, wǒ xiǎng jīhuì yīnggāi hěn duō.
Shālì: Tāmen gōngsī zài nǎr?
Dàwèi: Lí wǒmen xuéxiào bú tài yuǎn, nà cì wǒmen yìbiān zǒulù, yìbiān liáotiān, zhǐ yòngle bú dào bàn gè xiǎoshí. Qí zìxíngchē qù de huà, yīnggāi yòng bù liǎo shí fēnzhōng.

课文 2   Dàwèi: Zuìjìn nǐ zěnme zǒngshì zàijiā, búyòng qù shàngbān le ma?
Níkè: Wǒmen gōngsī xiànzài bù yāoqiú zuòbān le. Xiànzài shàngwǎng zhème fāngbiàn, yǒushì de huà, dàjiā jiù shàngwǎng kāihuì.
Dàwèi: Nǐmen gōngsī zhēn hǎo. Zài jiā bàngōng kěyǐ yìbiān gōngzuò, yìbiān zhàogù jiāli, búyòng huā shíjiān zài lùshang, yě búyòng dānxīn guāfēng xià yǔ.
Níkè: Shìde, xiànzài zài jiā gōngzuò de gōngsī yuè lái yuè duō le, wǒmen gōngsī hé yìxiē dà gōngsī yí yàng, yě tóngyì dàjiā wǎng shang bàngōng le.

和你的名字有点儿像 14
It sounds a bit like your name

课文 3

Níkè zài yìjiā diànyǐng gōngsī shàngbān. Gōngsī lí tā jiā hěn jìn, tā kěyǐ zǒulù shàngbān, yě kěyǐ qí zìxíngchē shàngbān. Zhège gōngzuò fēicháng hǎo, búdàn néng jīngcháng jiàn dào diànyǐng míngxīng, érqiě kěyǐ zài jiā bàngōng. Yīnwèi xiànzài shàngwǎng yuè lái yuè fāngbiàn le.

Wǒ juéde zàijiā shàngbān hěn shūfu, kěyǐ yìbiān gōngzuò, yìbiān zhàogù jiāli, bú yòng zài lùshang huā shíjiān, yě bú yòng dānxīn chūn xià qiū dōng de tiānqì biànhuà.

生词 New Words

*明星	míngxīng	n.	star
聊天	liáotiān	v.	to chat
*坐班	zuòbān	v.	to keep office hours, to be on duty
上网	shàngwǎng	v.	to surf the Internet
刮风	guāfēng	v.	(of wind) to blow
春	chūn	n.	spring
夏	xià	n.	summer
秋	qiū	n.	autumn, fall

语法点 Language Points

1 "和……有点儿像"：是比较句的一种，用"像"表示比较的结果。否定句用"不像"。"像"前面可以有程度副词"很""有点儿"等。例如：

"和……有点儿像" is a type of comparative sentence, in which "像" is used to indicate the result of the comparison. "不像" is used to form the negation. "像" can be preceded by adverbs of degree such as "很" "有点儿", etc. For example:

他长得和他妈妈很像。
He looks a lot like his mom.

那个地名和他的名字有点儿像。
The name of that place sounds a bit like his name.

这个地方的天气和那个地方有点儿像。
The weather in this place is a little bit like the weather in that place.

注意：在这个句子里，"和"也可以换成介词"跟"。
Attention: in this sentence, "和" can be replaced with the preposition "跟".

2 "A 的话，就 B"：是"如果 A，就 B"省略了"如果"，在小句尾加上"的话"，也能表示假设关系，意思是在某种条件或情况下会怎么样。例如：

"A 的话，就 B" is another version of "如果 A, 就 B", in which "如果" is omitted and "的话" is added at the end. It is used to express a hypothetical relationship, which shows what would happen under certain conditions or circumstances. For example:

有机会的话，你就去中国留学吧。
If you have the chance, go study in China.
你再迟到的话，我就生气了。
If you're going to be late again, I'll get angry.
你明天有时间的话，我们就见个面吧。
Let's meet if you have time tomorrow.

3 "一边 A，一边 B"：是由副词"一边"重复构成的固定结构，表示一个动作跟另一个动作同时进行。例如：

"一边 A，一边 B" is a fixed structure created by the repetition of the adverb "一边", used to indicate that two actions are taking place simultaneously. For example:

他一边唱着歌儿，一边往前走。
He is singing as he's walking ahead.
大卫和莎莉一边喝茶，一边聊天。
David and Sally are drinking tea and chatting.
弟弟一边上网，一边听音乐。
My younger brother is surfing the net and listening to music.

练习 Drills

听力练习 Listening Drills

1 听对话，选择正确图片。 14-4
Listen to the conversations and choose the correct pictures.

和你的名字有点儿像 14
It sounds a bit like your name

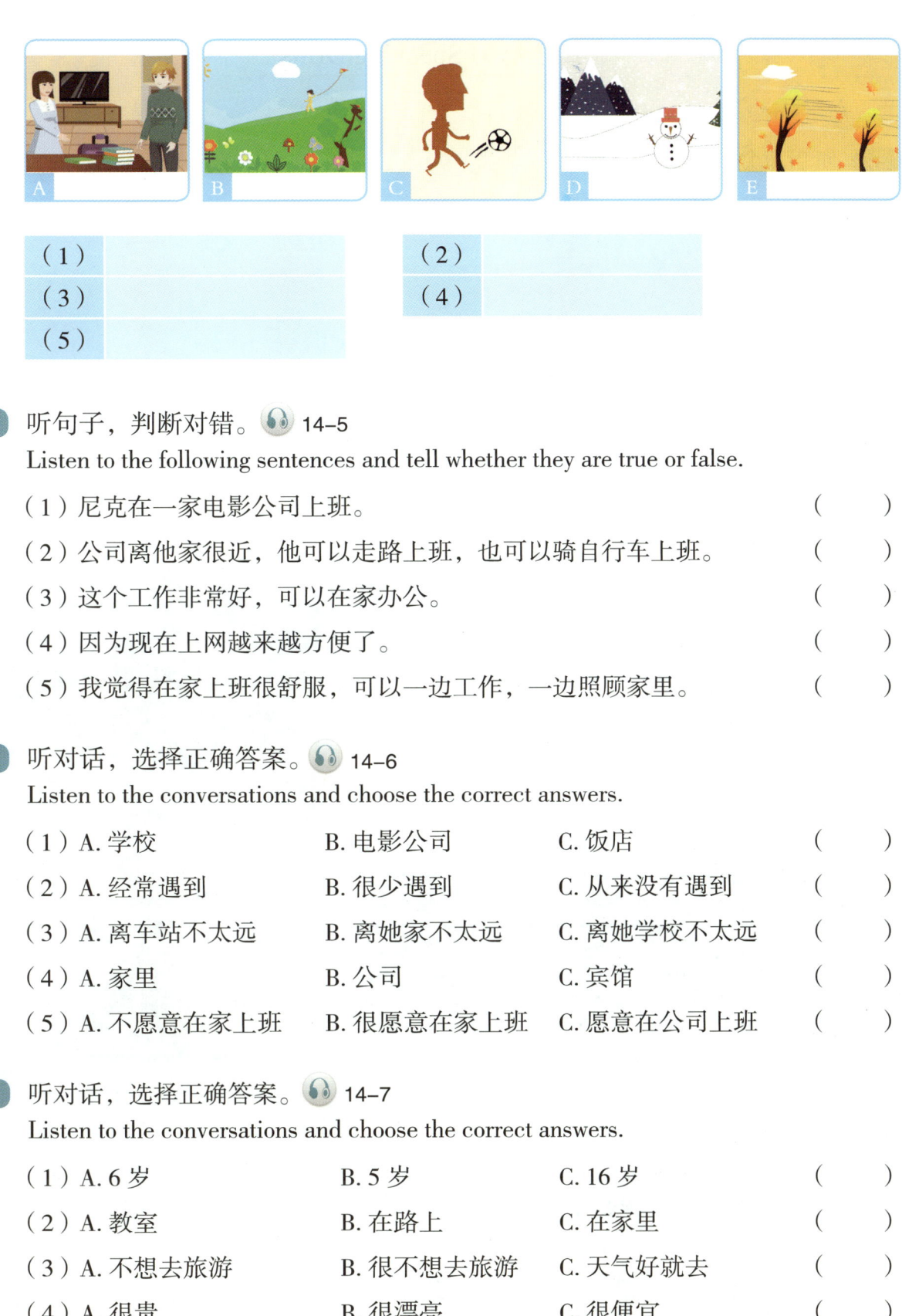

（1）　　　　　　　　　　　　（2）
（3）　　　　　　　　　　　　（4）
（5）

2 听句子，判断对错。 🎧 14-5

Listen to the following sentences and tell whether they are true or false.

（1）尼克在一家电影公司上班。　　　　　　　　　　　　　　（　）
（2）公司离他家很近，他可以走路上班，也可以骑自行车上班。（　）
（3）这个工作非常好，可以在家办公。　　　　　　　　　　　（　）
（4）因为现在上网越来越方便了。　　　　　　　　　　　　　（　）
（5）我觉得在家上班很舒服，可以一边工作，一边照顾家里。（　）

3 听对话，选择正确答案。 🎧 14-6

Listen to the conversations and choose the correct answers.

（1）A. 学校　　　　　　B. 电影公司　　　　C. 饭店　　　　　　（　）
（2）A. 经常遇到　　　　B. 很少遇到　　　　C. 从来没有遇到　　（　）
（3）A. 离车站不太远　　B. 离她家不太远　　C. 离她学校不太远　（　）
（4）A. 家里　　　　　　B. 公司　　　　　　C. 宾馆　　　　　　（　）
（5）A. 不愿意在家上班　B. 很愿意在家上班　C. 愿意在公司上班　（　）

4 听对话，选择正确答案。 🎧 14-7

Listen to the conversations and choose the correct answers.

（1）A. 6 岁　　　　　　B. 5 岁　　　　　　C. 16 岁　　　　　　（　）
（2）A. 教室　　　　　　B. 在路上　　　　　C. 在家里　　　　　（　）
（3）A. 不想去旅游　　　B. 很不想去旅游　　C. 天气好就去　　　（　）
（4）A. 很贵　　　　　　B. 很漂亮　　　　　C. 很便宜　　　　　（　）
（5）A. 不太贵　　　　　B. 很漂亮　　　　　C. 很好吃　　　　　（　）

113

口语练习 Speaking Drills

5 听后重复。 🎧 14-8
Listen and repeat.

（1）_____
（2）_____
（3）_____
（4）_____
（5）_____

6 看图说话。
Look and say.

（1）_____
_____
_____
_____
_____

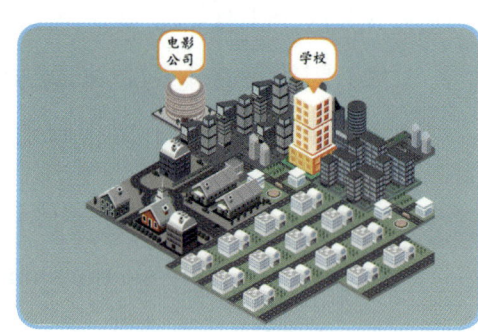

（2）_____
_____
_____
_____
_____

7 回答问题。
Answer the questions.

（1）Nǐ xǐhuan shénme gōngzuò?
你 喜欢 什么 工作？

（2）Nǐ juéde rénmen zài jiā li gōngzuò zěnmeyàng?
你 觉得 人们 在家里 工作 怎么样？

第15课 把时间花在运动上
Bǎ shíjiān huā zài yùndòng shang
Spend time on exercising

热身 Warm-up

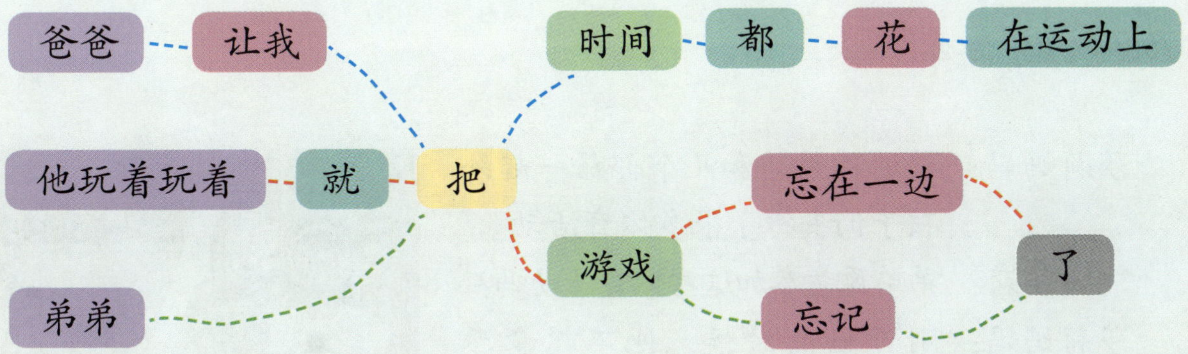

- 爸爸 — 让我
- 他玩着玩着 — 就 — 把
- 弟弟
- 时间 — 都 — 花 — 在运动上
- 游戏 — 忘在一边 / 忘记 — 了

课文 Text

课文 1 15-1

莎莉：你小时候喜欢玩电脑游戏吗？
大卫：有一段时间几乎天天玩，越玩越想玩，什么都不愿意做。
莎莉：是不是男孩子比女孩子更喜欢玩游戏？
大卫：也不一定吧。你为什么突然问这个问题？
莎莉：我弟弟每天玩游戏，他的成绩越来越差。你是怎么忘记游戏的呢？
大卫：我爸爸为了让我离开游戏，就给我安排了很多体育活动，踢足球、打篮球、游泳，让我把时间都花在运动上，等习惯了出去运动，就把游戏忘记了。

课文 2 15-2

莎莉妈妈：最近你爸爸和几个邻居一起给孩子们安排了很多体育活动。
莎莉：弟弟愿意参加这些体育活动吗？
莎莉妈妈：刚开始的时候，他不愿意参加。后来你爸爸让他选择，是出去打篮球还是在家打扫房间。弟弟选择了打篮球，因为他更不愿意打扫房间。没想到，他玩着玩着就把游戏忘在一边了。
莎莉：这才是健康的生活。我真担心弟弟会一直想着游戏。
莎莉妈妈：他跟小朋友越玩越高兴，后来你爸爸叫他回家，他都不愿意离开。你说奇怪不奇怪。

课文 3 15-3

莎莉的弟弟特别喜欢玩电脑游戏。她爸爸妈妈都没办法。大卫告诉莎莉，多给弟弟安排一些体育活动。

莎莉爸爸给弟弟安排了很多体育活动，但是弟弟更愿意在家玩游戏。后来爸爸让他选择，是打篮球还是打扫房间。弟弟选择了打篮球。他跟小朋友一起玩得很高兴，玩着玩着就把游戏忘了。

课文拼音 Texts in Pinyin

课文 1

Shālì: Nǐ xiǎoshíhou xǐhuan wán diànnǎo yóuxì ma?

Dàwèi: Yǒu yí duàn shíjiān jīhū tiāntiān wán, yuè wán yuè xiǎng wán, shénme dōu bú yuànyì zuò.

Shālì: Shì bú shì nán háizi bǐ nǚ háizi gèng xǐhuan wán yóuxì?

Dàwèi: Yě bù yídìng ba. Nǐ wèi shénme tūrán wèn zhège wèntí?

Shālì: Wǒ dìdi měi tiān wán yóuxì, tā de chéngjì yuè lái yuè chà. Nǐ shì zěnme wàngjì yóuxì de ne?

Dàwèi: Wǒ bàba wèile ràng wǒ líkāi yóuxì, jiù gěi wǒ ānpáile hěn duō tǐyù huódòng, tī zúqiú, dǎ lánqiú, yóuyǒng, ràng wǒ bǎ shíjiān dōu huā zài yùndòng shang, děng xíguànle chūqù yùndòng, jiù bǎ yóuxì wàngjì le.

课文 2

Shālì māma: Zuìjìn nǐ bàba hé jǐ gè línjū yìqǐ gěi háizimen ānpáile hěn duō tǐyù huódòng.

Shālì: Dìdi yuànyì cānjiā zhèxiē tǐyù huódòng ma?

Shālì māma: Gāng kāishǐ de shíhou, tā bú yuànyì cānjiā. Hòulái nǐ bàba ràng tā xuǎnzé, shì chūqù dǎ lánqiú háishi zài jiā dǎsǎo fángjiān? Dìdi xuǎnzéle dǎ lánqiú, yīnwèi tā gèng bú yuànyì dǎsǎo fángjiān. Méi xiǎngdào, tā wánzhe wánzhe jiù bǎ yóuxì wàng zài yìbiān le.

Shālì: Zhè cái shì jiànkāng de shēnghuó. Wǒ zhēn dānxīn dìdi huì yìzhí xiǎngzhe yóuxì.

Shālì māma: Tā gēn xiǎo péngyou yuè wán yuè gāoxìng, hòulái nǐ bàba jiào tā huí jiā, tā dōu bú yuànyì líkāi. Nǐ shuō qíguài bù qíguài.

课文 3

Shālì de dìdi tèbié xǐhuan wán diànnǎo yóuxì. Tā bàba māma dōu méi bànfǎ. Dàwèi gàosu Shālì, duō gěi dìdi ānpái yìxiē tǐyù huódòng.

Shālì bàba gěi dìdi ānpáile hěn duō tǐyù huódòng, dànshì dìdi gèng yuànyì zài jiā wán yóuxì. Hòulái bàba ràng tā xuǎnzé, shì dǎ lánqiú háishi dǎsǎo fángjiān. Dìdi xuǎnzé le dǎ lánqiú. Tā gēn xiǎo péngyou yìqǐ wán de hěn gāoxìng, wánzhe wánzhe jiù bǎ yóuxì wàng le.

生词 New Words

差	chà	adj.	bad
忘	wàng	v.	to forget
离开	líkāi	v.	to leave
*安排	ānpái	v.	to arrange
体育	tǐyù	n.	sports
*活动	huódòng	n.	activity
邻居	línjū	n.	neighbour
愿意	yuànyì	v.	to be willing to, to want
选择	xuǎnzé	v.	to choose
更	gèng	adv.	more, even more
才	cái	conj.	just
*生活	shēnghuó	n.	life
奇怪	qíguài	adj.	strange, odd

语法点 Language Points

1 "越 A 越 B"：副词"越"重复使用，表示 B 的程度随着条件 A 的变化而增减。例如：

"越 A 越 B": the adverb "越" is duplicated to indicate that the degree of B increases or decreases along with any changes in condition A. For example:

他越跑越快。

He's running faster and faster.

这种水越喝越渴。

The more you drink this kind of beverage, the thirstier you get.

中文越学越简单。

The more you study Chinese, the easier it gets.

2 副词"更":表示程度,含有比较的意思。例如:

"更" is an adverb used to indicate degree. It also implies a comparison. For example:

下了雨以后,天更蓝了。

The sky becomes bluer after the rain.

最近弟弟更爱学习了。

Recently my brother likes studying more.

"更"可以用在比较句中,意思是先肯定事物已经具有某一性质或状态。例如:

"更" can be used in comparative sentences to indicate that a thing already possesses a certain trait or condition. For example:

男孩子比女孩子更喜欢玩游戏吗?(意思是女孩子也喜欢玩游戏)

Do boys like playing games more than girls? (meaning that girls also like playing games)

明天一定比今天更好。(意思是今天已经很好了)

Tomorrow will be better than today. (meaning that today is already very good)

3 "把"字句:"把(时间、钱)花在……上"可以看作是用"把"字句来处理"时间"和"钱"的一种固定句式。例如:

The 把-sentence: "把(时间,钱)花在……上" can be considered a fixed structure which uses 把-sentence to manage "time" and "money". For example:

女孩子会主要把时间花在学习上。

Girls spend most time on studying.

爸爸让我把时间都花在运动上。

Dad asked me to spend my time on exercising.

你要把钱花在刀刃上,不要大手大脚。

You have to spend money on what matters, don't be wasteful.

4 助动词"愿意":意思是认为符合自己心愿而同意(做某事),后面常常是动词或者动词性短语。例如:

"愿意" is an auxiliary verb, which indicates that something is in accordance with one's own desire and therefore one agrees to it. It is commonly followed by a verb or a verb phrase. For example:

他愿意去吗?
Is he willing to go?
我不愿意跟你一起去看电影。
I don't want to go watch a movie with you.
他很愿意帮助这些人。
He's willing to help these people.

练习 Drills

听力练习 Listening Drills

1 听对话,选择正确图片。 15-4

Listen to the conversations and choose the correct pictures.

(1)	(2)
(3)	(4)
(5)	

2 听句子,判断对错。 15-5

Listen to the following sentences and tell whether they are true or false.

(1)莎莉的弟弟不喜欢玩电脑游戏。　　　　　　　　　　　　　　(　　)

(2)大卫告诉莎莉,让他多玩电脑游戏。　　　　　　　　　　　　(　　)

（3）莎莉爸爸给弟弟安排了很多体育活动，但是弟弟更愿意在家玩游戏。（　　）

（4）后来爸爸让他选择，是打篮球还是打扫房间。（　　）

（5）弟弟不喜欢跟小朋友一起玩。（　　）

3 听对话，选择正确答案。 🎧 15-6

Listen to the conversations and choose the correct answers.

（1）A. 玩电脑游戏　　　B. 打篮球　　　C. 踢足球　　　（　　）

（2）A. 没忘　　　　　　B. 不知道　　　C. 忘了　　　　（　　）

（3）A. 漂亮的　　　　　B. 便宜的　　　C. 舒服的　　　（　　）

（4）A. 愿意　　　　　　B. 不愿意　　　C. 不想　　　　（　　）

（5）A. 不想上课　　　　B. 不喜欢老师　C. 不太舒服　　（　　）

4 听对话，选择正确答案。 🎧 15-7

Listen to the conversations and choose the correct answers.

（1）A. 不太安静　　　　B. 很安静　　　C. 很漂亮　　　（　　）

（2）A. 饺子　　　　　　B. 面条　　　　C. 面包　　　　（　　）

（3）A. 下午三点左右　　B. 下午五点左右　C. 下午六点左右（　　）

（4）A. 不愿意　　　　　B. 愿意　　　　C. 不想去　　　（　　）

（5）A. 非常好　　　　　B. 不太好　　　C. 不好　　　　（　　）

口语练习 Speaking Drills

5 听后重复。 🎧 15-8

Listen and repeat.

（1）_____

（2）_____

（3）_____

（4）_____

（5）_____

6 看图说话。
Look and say.

（1）_____

（2）_____

7 回答问题。
Answer the questions.

　　　　Nǐ xǐhuan wán diànnǎo yóuxì ma?
（1）你 喜欢 玩 电脑 游戏 吗？

　　　　Nǐ xǐhuan shénmeyàng de yùndòng?
（2）你 喜欢 什么样 的 运动？

Lesson Sixteen 16

Wǒ yìdiǎnr yě bù dānxīn kǎoshì
我一点儿也不担心考试

I don't worry about exams at all

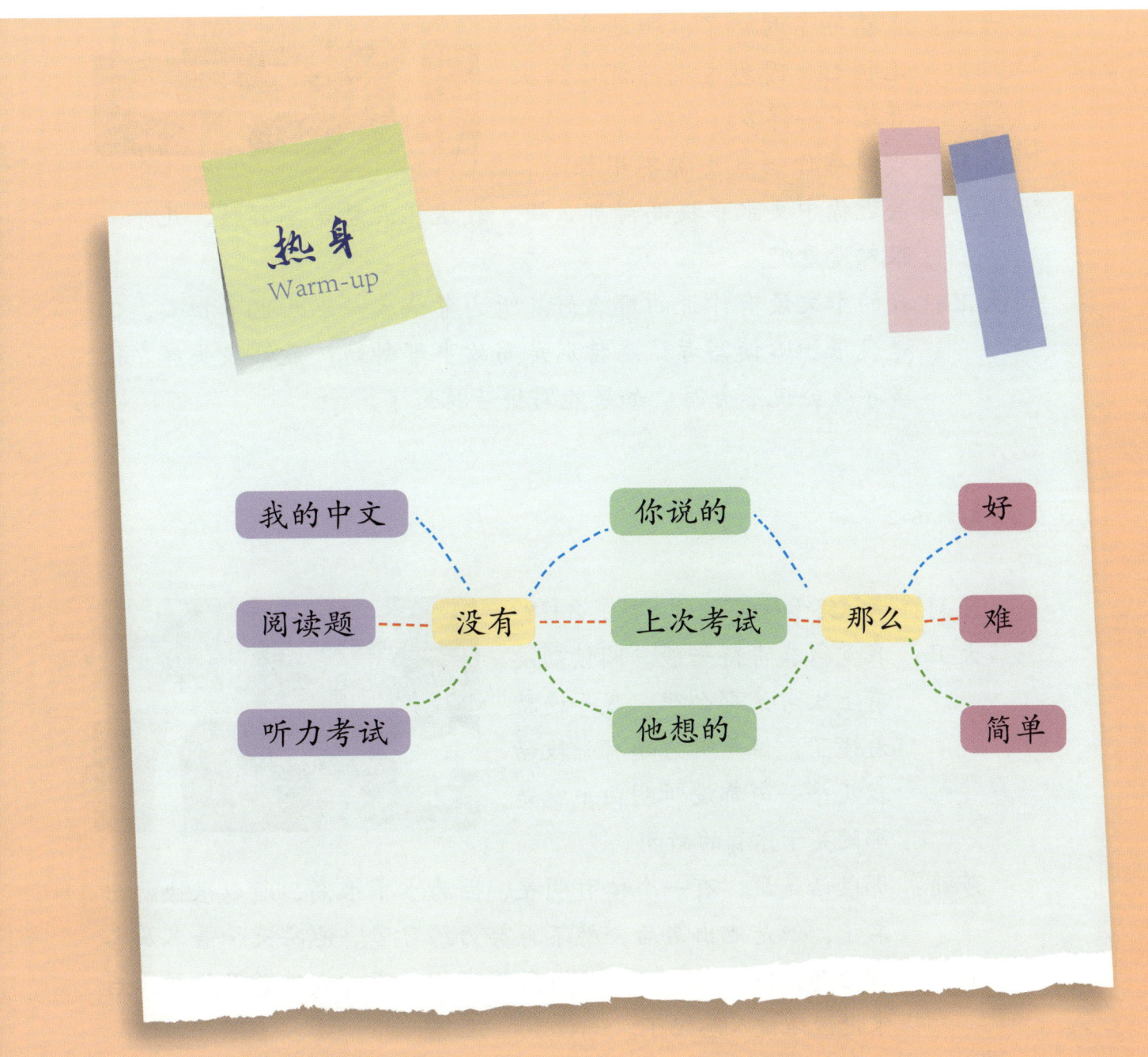

热身 Warm-up

课文 Text

课文 1 16-1

莎莉：很快要考试了，你复习得怎么样了？

大卫：我复习了两遍了，但还是有点儿担心。因为这次考试比上次考试重要得多。你呢？

莎莉：我觉得你一点儿都不用担心。最近你中文水平提高得那么快。我这几天总是不舒服，几乎一眼都没看呢。

大卫：我的中文没有你说的那么好。听力考试我一点儿也不担心，但是我很担心读写考试。特别是写故事那种题，最让我头疼。很多字我会说不会写。如果能写拼音就好了。

课文 2 16-2

莎莉：考试终于结束了。你考得怎么样？

大卫：我觉得我考得一般。阅读题没有上次考试那么难，我一遍就看懂了，但是听力题有一段话我几乎一句都没听明白，就是那段关于体育的新闻。

莎莉：那段话是说，有一个体育明星，因为水平很高，所以很快就出名了，但是他出名后，就不再努力练习了。他每天忙着参加各种活动，他的水平一点儿都没提高，比赛时成绩总是很差，后来慢慢地被人忘记了。

大卫：我觉得这几个题我可能选错了。

16 我一点儿也不担心考试
I don't worry about exams at all

课文 3 🎬 16-3

从两个星期前开始,大卫和莎莉就在为考试做准备。大卫复习了两遍了,莎莉因为最近不舒服,所以复习得不好。大卫一点儿也不担心听力考试,他最担心的是写汉字。

今天考试结束了。大卫觉得自己考得一般。因为听力考试没他想的那么简单,有一段话他几乎一句都没听明白。

课文拼音 Texts in Pinyin

课文 1　Shālì: Hěn kuài yào kǎoshì le, nǐ fùxí de zěnmeyàng le?

　　　　Dàwèi: Wǒ fùxíle liǎng biàn le, dàn háishi yǒudiǎnr dānxīn. Yīnwèi zhè cì kǎoshì bǐ shàng cì kǎoshì zhòngyào de duō. Nǐ ne?

　　　　Shālì: Wǒ juéde nǐ yìdiǎnr dōu búyòng dānxīn. Zuìjìn nǐ Zhōngwén shuǐpíng tígāo de nàme kuài. Wǒ zhè jǐtiān zǒngshì bù shūfu, jīhū yì yǎn dōu méi kàn ne.

　　　　Dàwèi: Wǒ de Zhōngwén méiyǒu nǐ shuō de nàme hǎo. Tīnglì kǎoshì wǒ yìdiǎnr yě bù dānxīn, dànshì wǒ hěn dānxīn dú-xiě kǎoshì. Tèbié shì xiě gùshi nà zhǒng tí, zuì ràng wǒ tóuténg. Hěn duō zì wǒ huì shuō bú huì xiě. Rúguǒ néng xiě Pīnyīn jiù hǎo le.

课文 2　Shālì: Kǎoshì zhōngyú jiéshù le. Nǐ kǎo de zěnmeyàng?

　　　　Dàwèi: Wǒ juéde wǒ kǎo de yìbān. Yuèdú tí méiyǒu shàng cì kǎoshì nàme nán, wǒ yí biàn jiù kàn dǒng le, dànshì tīnglì tí yǒu yí duàn huà wǒ jīhū yí jù dōu méi tīng míngbai, jiùshì nà duàn guānyú tǐyù de xīnwén.

　　　　Shālì: Nà duàn huà shì shuō, yǒu yí gè tǐyù míngxīng, yīnwèi shuǐpíng hěn gāo, suǒyǐ hěn kuài jiù chūmíngle, dànshì tā chūmíng hòu, jiù bú zài nǔlì liànxí le. Tā měi tiān mángzhe cānjiā gè zhǒng huódòng, tā de shuǐpíng yìdiǎnr dōu méi tígāo, bǐsài shí chéngjì zǒngshì hěn chà, hòulái mànmàn de bèi rén wàngjì le.

　　　　Dàwèi: Wǒ juéde zhè jǐ gè tí wǒ kěnéng xuǎn cuò le.

课文 3　Cóng liǎng gè xīngqī qián kāishǐ, Dàwèi hé Shālì jiù zài wèi kǎoshì zuò zhǔnbèi. Dàwèi fùxíle liǎng biàn le, Shālì yīnwèi zuìjìn bù shūfu, suǒyǐ fùxí de bù hǎo. Dàwèi yì diǎnr yě bù dānxīn tīng lì kǎoshì, tā zuì dānxīn de shì xiě Hànzì.

　　Jīntiān kǎoshì jiéshù le. Dàwèi juéde zìjǐ kǎo dé yìbān. Yīnwèi tīnglì kǎoshì méi tā xiǎng de nàme jiǎndān, yǒu yí duàn huà tā jīhū yí jù dōu méi tīng míngbai.

生词 New Words

复习	fùxí	v.	to review
提高	tígāo	v.	to improve
*听力	tīnglì	n.	listening
*阅读	yuèdú	n.	reading
*遍	biàn	m.	(used with actions) time
关于	guānyú	prep.	about, regarding
新闻	xīnwén	n.	news
出名	chūmíng	adj.	famous

专有名词 Proper Nouns

| *拼音 | Pīnyīn | Pinyin |

语法点 Language Points

1　"A 一点儿也/都不/没"：是一个由数量短语"一点儿"、副词"也/都"和否定副词"不/没"组成的固定结构，表示完全否定。"不"的后面多为动词或者形容词，"没"后面多为动词。例如：

"A 一点儿也/都不/没" is a fixed structure containing the quantifier phrase "一点儿", the adverb "也/都" and the negation adverb "不/没", used to indicate an absolute negation. The negation adverb "不" is generally followed by a verb or an adjective, whereas the negation adverb "没" is generally followed by a verb. For example:

听说明天天气不好，我一点儿也不想去旅游。

I hear the weather will be bad tomorrow, I don't want to go traveling at all.

我一点儿也不担心考试
I don't worry about exams at all 16

他以为那里很漂亮,其实一点儿都不漂亮。
He thought that place was pretty, but it's actually not pretty at all.
我给她买的菜,她一点儿都没吃。
She hasn't eaten the dishes I ordered for her at all.

注意:当"不/没"后面为动词时,"一点儿"后面还可以出现名词性成分。
Attention: when the negation adverb "不/没" is followed by a verb, "一点儿" may also be followed by a noun component.
今天莎莉不太舒服,一点儿东西也没吃。
Sally isn't feeling very well today, she hasn't eaten anything at all.

因为这里隐含了对名词性成分的强调,所以在这个情况下,可以看作是表示强调的"连……都/也……"结构中,省略了"连"。例如:
These situations imply an emphasis on the noun components, therefore they can be seen as using the structure "连……都/也", but omitting "连". For example:
今天莎莉不太舒服,(连)一口饭也没吃。
Sally isn't feeling very well today, she hasn't eaten anything at all.
我没时间复习,三本书(连)一页都没看呢。
I have no time to review, I haven't read a page out of these three books.
今天的听力考试太难了,我(连)一句都没听明白。
The listening exam today was really hard, I wasn't able to understand one single sentence.

2 "A没有B那么+形容词":是比较句的一种,用"没有"进行比较,用"那么"强调程度。这里是用B作为比较的标准的,意思是B的程度超过了A。例如:
"A没有B那么 + adjective" is a type of comparative sentence, in which "没有" is used to compare and "那么" is used to emphasize the degree. B acts as the standard for the comparison, meaning that B has surpassed A in degree. For example:
今天没有昨天那么热。
Today isn't as hot as yesterday.
公共汽车没有地铁那么快。
The bus isn't as fast as the subway.
我的中文水平没有你说的那么好。
My Chinese isn't as good as you say it is.

3 动量词"遍":表示动作或变化次数的量词叫动量词,主要有"次""遍"等。"次"表示动作的次数,是最常用的。"遍"表示从开始到结束的整个过程。例如:

The verbal measure word "遍": measure words which indicate the frequency of an action or change are called verbal measure words. They are mainly "次" and "遍". "次" expresses the frequency of the action and is the most commonly used. "遍" refers to the whole process from the beginning until the end. For example:

这本书我看了三遍。
I've read this book three times.
他是公共汽车司机,每天下班后,他都要把车检查一遍。
He is a bus driver, so he checks the bus every day after work.
他的歌非常好听,我听了很多遍。
His songs are really nice, I've listened to them many times.

练习 Drills

听力练习 Listening Drills

1 听对话,选择正确图片。 🎧 16-4

Listen to the conversations and choose the correct pictures.

（1）		（2）	
（3）		（4）	
（5）			

2 听句子,判断对错。 🎧 16-5

Listen to the following sentences and tell whether they are true or false.

（1）从三个星期前开始,大卫和莎莉就在为考试做准备。　　　　（　　）

我一点儿也不担心考试
I don't worry about exams at all 16

（2）莎莉因为最近不舒服，所以复习得不好。　　　　　　（　）

（3）大卫一点儿也不担心写汉字，他最担心的是听力考试。（　）

（4）今天考试结束了，大卫觉得自己考得不错。　　　　　（　）

（5）听力考试没他想的那么简单，有一段话他几乎一句都没听明白。（　）

3 听对话，选择正确答案。🎧 16-6

Listen to the conversations and choose the correct answers.

（1）A. 三遍　　　　　　B. 一遍　　　　　　　C. 两遍　　　　　　　　（　）

（2）A. 很好　　　　　　B. 不太好　　　　　　C. 一点儿也没有复习　　（　）

（3）A. 不会　　　　　　B. 会　　　　　　　　C. 不知道　　　　　　　（　）

（4）A. 不喜欢　　　　　B. 不知道　　　　　　C. 喜欢　　　　　　　　（　）

（5）A. 她看很多中文书　B. 经常和中国人聊天　C. 常常看中国新闻　　　（　）

4 听对话，选择正确答案。🎧 16-7

Listen to the conversations and choose the correct answers.

（1）A. 一点儿也没复习　B. 复习得很好　　　　C. 没有问题　　　　　　（　）

（2）A. 吃过　　　　　　B. 没吃过　　　　　　C. 不想吃　　　　　　　（　）

（3）A. 不喜欢饺子　　　B. 想吃饺子　　　　　C. 身体不舒服　　　　　（　）

（4）A. 不太好　　　　　B. 还不错　　　　　　C. 好极了　　　　　　　（　）

（5）A. 不多　　　　　　B. 很多　　　　　　　C. 一个也没有　　　　　（　）

口语练习 Speaking Drills

5 听后重复。🎧 16-8

Listen and repeat.

（1）_____

（2）_____

（3）_____

（4）_____

（5）_____

6 看图说话。
Look and say.

（1）＿＿＿＿＿＿＿＿＿＿＿＿＿＿＿＿＿＿＿

＿＿＿＿＿＿＿＿＿＿＿＿＿＿＿＿＿＿＿＿＿＿＿＿

＿＿＿＿＿＿＿＿＿＿＿＿＿＿＿＿＿＿＿＿＿＿＿＿

＿＿＿＿＿＿＿＿＿＿＿＿＿＿＿＿＿＿＿＿＿＿＿＿

（2）＿＿＿＿＿＿＿＿＿＿＿＿＿＿＿＿＿＿＿

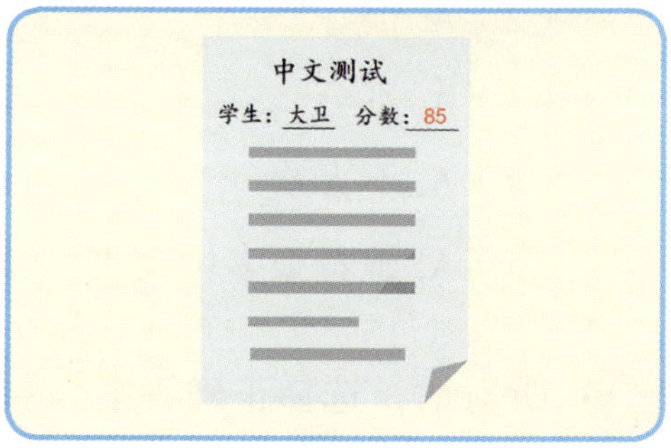

＿＿＿＿＿＿＿＿＿＿＿＿＿＿＿＿＿＿＿＿＿＿＿＿

＿＿＿＿＿＿＿＿＿＿＿＿＿＿＿＿＿＿＿＿＿＿＿＿

＿＿＿＿＿＿＿＿＿＿＿＿＿＿＿＿＿＿＿＿＿＿＿＿

7 回答问题。
Answer the questions.

（1）你 担心 考试 吗？
　　　Nǐ dànxīn kǎoshì ma?

＿＿＿＿＿＿＿＿＿＿＿＿＿＿＿＿＿＿＿＿＿＿＿＿

（2）你 觉得 出 名 后 还 需要 努力 吗？
　　　Nǐ juéde chūmíng hòu hái xūyào nǔlì ma?

＿＿＿＿＿＿＿＿＿＿＿＿＿＿＿＿＿＿＿＿＿＿＿＿

词汇总表 Vocabulary

生词 New Words

词语 Word / Phrase	拼音 Pinyin	词性 Part of Speech	词义 Meaning	课号 Lesson
A				
阿姨	āyí	n.	(a form of address for a woman of one's mother age) auntie	9
啊	a	part.	*used at the end of the sentence to indicate confirmation or surprise*	1
爱好	àihào	n.	hobby, interest	3
B				
把	bǎ	prep.	*used to advance the object of a verb to the position before it*	2
班	bān	n.	class	3
办法	bànfǎ	n.	way, approach	5
帮忙	bāngmáng	v.	to help	12
北	běi	n.	north	6
被	bèi	prep.	*used to indicate the passive voice*	7
鼻子	bízi	n.	nose	5
比较	bǐjiào	adv.	fairly, rather	3
笔记本	bǐjìběn	n.	notebook, laptop	4
比赛	bǐsài	n.	match, competition	13
必须	bìxū	adv.	must	6
变化	biànhuà	n.	change	8
别人	biérén	n.	other people	7
冰箱	bīngxiāng	n.	refrigerator	2

131

词语 Word / Phrase	拼音 *Pinyin*	词性 Part of Speech	词义 Meaning	课号 Lesson
不但…… 而且……	búdàn… érqiě…	conj.	not only...but also...	6
C				
才	cái	conj.	only, not until	9
才	cái	conj.	just	15
参加	cānjiā	v.	to participate	13
草	cǎo	n.	grass	8
层	céng	m.	*used with building floors*	2
查	chá	v.	to search	6
差	chà	adj.	bad	15
超市	chāoshì	n.	supermarket	4
衬衫	chènshān	n.	shirt	4
成绩	chéngjì	n.	grade; result; achievement	3
城市	chéngshì	n.	city	8
出名	chūmíng	a.	famous	16
除了	chúle	prep.	except, besides, apart from	8
春	chūn	n.	spring	14
春天	chūntiān	n.	spring	5
聪明	cōngmíng	adj.	clever, smart	3
D				
打扫	dǎsǎo	v	to clean, to sweep	2
打算	dǎsuàn	v.	to plan, to intend	6
带	dài	v.	to take along, to bring	2
担心	dānxīn	v.	to worry	4
蛋糕	dàngāo	n.	cake	10
当然	dāngrán	adv.	of course	2

续表

词语 Word / Phrase	拼音 Pinyin	词性 Part of Speech	词义 Meaning	课号 Lesson
地	de	part.	*used to connect an adverbial modifier and the verb it modifies*	2
地方	dìfang	n.	place	6
地名	dìmíng	n.	place name, geographical name	6
地图	dìtú	n.	map	2
电影院	diànyǐngyuàn	n.	cinema	11
电子邮件	diànzǐ yóujiàn		e-mail	2
东	dōng	n.	east	6
东边	dōngbian	n.	east side	4
冬天	dōng tiān	n.	winter	1
段	duàn	m.	*used with sections or periods*	6
锻炼	duànliàn	v.	to do physical exercise	2
F				
发	fā	v.	to send	2
发烧	fāshāo	v.	to have a fever	5
发现	fāxiàn	v.	to discover, to find out	3
方便	fāngbiàn	adj.	convenient	2
放（下电话）	fàng (xià diànhuà)	v.	to put (down the phone)	12
放假	fàngjià	v.	to have a holiday / vacation	8
放心	fàngxīn	v.	to ease one's mind, to rest assured	4
复习	fùxí	v.	to review	16
G				
干净	gānjìng	adj.	clean	2
敢	gǎn	mod.	to dare	12
感冒	gǎnmào	v.	to catch a cold	5
刚才	gāngcái	n.	just now	9

词语 Word / Phrase	拼音 Pinyin	词性 Part of Speech	词义 Meaning	课号 Lesson
跟	gēn	prep.	with	3
根据	gēnjù	prep.	according to, based on	13
更	gèng	adv.	more, even more	15
公斤	gōngjīn	n.	kilogramme	4
故事	gùshi	n.	story	8
刮风	guāfēng	v.	(of wind) to blow	14
关系	guānxì	n.	relationship	6
关心	guānxīn	v.	to care for, to be interested in	7
关于	guānyú	prep.	about, regarding	16
过（生日）	guò (shēngrì)	v.	to spend, to pass, to celebrate (one's birthday)	10
过去	guòqù	n.	past	7
H				
还是	háishi	conj.	or	4
害怕	hàipà	v.	to be afraid of, to be scared	5
后来	hòulái	n.	afterwards	8
花	huā	n.	flower	10
花（时间、钱）	huā (shíjiān, qián)	v.	to spend (time, money)	4
画	huà	v./n.	to draw, to paint; drawing, painting	3
还	huán	v.	to return	11
环境	huánjìng	n.	environment	2
换	huàn	v.	to change, to substitute	1
或者	huòzhě	conj.	or	6
J				
几乎	jīhū	adv.	almost	7

续表

词语 Word / Phrase	拼音 *Pinyin*	词性 Part of Speech	词义 Meaning	课号 Lesson
机会	jīhuì	n.	opportunity	8
极	jí	adv.	extremely	12
记得	jìde	v.	to remember	5
季节	jìjié	n.	season	5
检查	jiǎnchá	v.	to check, to examine	5
简单	jiǎndān	adj.	simple	13
见面	jiànmiàn	v	to meet	2
健康	jiànkāng	adj.	healthy	9
讲	jiǎng	v.	to tell	8
教	jiāo	v.	to teach	5
接	jiē	v.	to meet sb. (at a designated place and time); to pick sb. up	1
节目	jiémù	n.	programme	12
结婚	jiéhūn	v.	to marry, to get married	11
结束	jiéshù	v.	to end, to finish	1
解决	jiějué	v.	to solve	7
借	jiè	v.	to borrow, to lend	11
经常	jīngcháng	adv.	often	9
经过	jīngguò	v.	to pass by	6
久	jiǔ	adj.	for a long time, long	1
就	jiù	adv.	only, just	12
K				
刻	kè	m.	quarter (of an hour)	12
空调	kōngtiáo	n.	air conditioner	2
口	kǒu	m.	*used with family members*	3
裤子	kùzi	n.	pants	4

词语 Word / Phrase	拼音 Pinyin	词性 Part of Speech	词义 Meaning	课号 Lesson
L				
老家	lǎojiā	n.	hometown	8
老年	lǎonián	n.	old, elderly	9
老人家	lǎorenjia	n.	used to refer to a venerable old person	12
离开	líkāi	v.	to leave	15
礼物	lǐwù	n.	gift, present	10
历史	lìshǐ	n.	history	6
练习	liànxí	v.	to exercise	12
聊天	liáotiān	v.	to chat	14
了解	liǎojiě	v.	to understand, to comprehend	3
邻居	línjū	n.	neighbour	15
留学	liúxué	v.	to study abroad	2
留学生	liúxuéshēng	n.	international student	12
楼	lóu	n.	building	5
M				
马上	mǎshàng	adv.	immediately, at once	5
帽子	màozi	n.	hat, cap	4
免费	miǎnfèi	v.	free (of charge)	4
明白	míngbai	adj.	to understand	7
木	mù	n.	wood, tree	8
N				
拿	ná	v.	to take, to fetch	4
奶奶	nǎinai	n.	(paternal) grandmother	3
南	nán	n.	south	6
难过	nánguò	adj.	sad	13

续表

词语 Word / Phrase	拼音 *Pinyin*	词性 Part of Speech	词义 Meaning	课号 Lesson
年轻	niánqīng	adj.	young	9
努力	nǔlì	adj.	hard-working	3
P				
爬山	páshān		to climb a mountain	9
皮鞋	píxié	n.	leather shoes	4
Q				
骑	qí	v.	to ride	4
奇怪	qíguài	adj.	strange, odd	15
其实	qíshí	adv.	actually	4
清楚	qīngchu	adj.	clear, distinct	7
请假	qǐngjià	v.	to ask for a leave	5
秋	qiū	n.	autumn, fall	14
裙子	qúnzi	n.	dress, skirt	1
R				
然后	ránhòu	conj.	then, after that	4
认为	rènwéi	v.	to think, to believe	7
认真	rènzhēn	adj.	serious, earnest	2
容易	róngyì	adj.	easy	3
如果	rúguǒ	conj.	if, in case	5
S				
上网	shàngwǎng	v.	to surf the Internet	14
生气	shēngqì	v.	to get angry	9
世界	shìjiè	n.	world	8
舒服	shūfu	adj.	comfortable	4
树	shù	n.	tree	6

词语 Word / Phrase	拼音 *Pinyin*	词性 Part of Speech	词义 Meaning	课号 Lesson
双	shuāng	m.	pair	4
T				
特别	tèbié	adv.	especially, particularly	1
疼	téng	adj.	painful, aching	5
提高	tígāo	v.	to improve	16
体育	tǐyù	n.	sports	15
条	tiáo	m.	used with pants, dresses, etc.	1
同意	tóngyì	v.	to agree	7
突然	tūrán	adv.	suddenly	5
图书馆	túshūguǎn	n.	library	2
W				
忘	wàng	v.	to forget	15
忘记	wàngjì	v.	to forget	7
为	wèi	prep.	for	13
为了	wèile	prep.	for, in order to	13
位	wèi	m.	used to refer to people in a respectful manner	3
文化	wénhuà	n.	culture	8
X				
西	xī	n.	west	6
习惯	xíguàn	v.	to be used to	10
洗手间	xǐshǒujiān	n.	bathroom, restroom	1
夏	xià	n.	summer	14
夏天	xiàtiān	n.	summer	5
先	xiān	adv.	first, in advance	4
相信	xiāngxìn	v.	to believe	3

续表

词语 Word / Phrase	拼音 *Pinyin*	词性 Part of Speech	词义 Meaning	课号 Lesson
向	xiàng	prep.	towards	2
像	xiàng	v.	to be like, to resemble	10
校车	xiàochē	n.	school bus	4
新闻	xīnwén	n.	news	16
新鲜	xīnxiān	adj.	fresh	6
兴趣	xìngqù	n.	interest	3
行李箱	xíngli xiāng	n.	luggage, suitcase	12
需要	xūyào	v.	to need	5
选择	xuǎnzé	v.	to choose	15
Y				
要求	yāoqiú	n.	requirement	13
爷爷	yéye	n.	(paternal) grandfather	3
一定	yídìng	adv.	definitely, certainly	3
一共	yígòng	adv.	in total	3
一样	yíyàng	adj.	the same, alike	6
一直	yìzhí	adv.	continuously, always, all along	3
以前	yǐqián	n.	before; ago	6
银行	yínháng	n.	bank	11
饮料	yǐnliào	n.	drink, beverage	1
影响	yǐngxiǎng	n.	influence	5
应该	yīnggāi	v.	should	5
用	yòng	v.	to need	4
游戏	yóuxì	n.	game	9
有名	yǒumíng	adj.	famous	6
又	yòu	adv.	*expresses the coexistence of several conditions or qualities*: both... and...	5

词语 Word / Phrase	拼音 Pinyin	词性 Part of Speech	词义 Meaning	课号 Lesson
遇到	yùdào	v.	to run across, to run into	3
愿意	yuànyì	v.	to be willing to, to want	15
越	yuè	adv.	the more… the more…	3
Z				
站	zhàn	v.	to stand	2
长	zhǎng	v.	grow up	8
着急	zháojí	adj.	worried, anxious	4
照顾	zhàogù	v.	to take care of	5
照片	zhàopiàn	n.	photo	8
只	zhǐ	adv.	only, solely	1
只有……才	zhǐyǒu…cái	conj.	can only / the only way … if/to	7
终于	zhōngyú	adv.	finally	8
种	zhǒng	m.	kind, type	1
重要	zhòngyào	adj.	important	7
周末	zhōumò	n.	weekend	6
主要	zhǔyào	adj.	main	13
注意	zhùyì	v.	to pay attention to	5
自行车	zìxíngchē	n.	bicycle	4
自己	zìjǐ	pron.	oneself, one's own	2
总是	zǒngshì	adv.	always	9
最后	zuìhòu	n.	the last	7
最近	zuìjìn	adv.	lately, recently	9

词汇总表 Vocabulary

专有名词 Proper Nouns

词语 Word / Phrase	拼音 Pinyin	词义 Meaning	课号 Lesson
B			
*八达岭长城	Bādálǐng Chángchéng	Badaling Great Wall	6
H			
黄河	Huáng Hé	the Yellow River, the second longest river in China	8
M			
*茉莉花	Mòlì huā	Jasmine	10
P			
*拼音	Pīnyīn	Pinyin	16
W			
*万里长城	Wàn Lǐ Chángchéng	Great Wall	6
X			
*西直门	Xīzhímén	Xizhimen	6

超纲词 Words Not Included in the Syllabus

词语 Word / Phrase	拼音 Pinyin	词性 Part of Speech	词义 Meaning	课号 Lesson
A				
*安排	ānpái	v.	to arrange	15
B				
*保护	bǎohù	v.	to protect	6
*必经之地	bì jīng zhī dì		place that must be passed through	6
*遍	biàn	m.	(used with actions) time	16

词语 Word / Phrase	拼音 Pinyin	词性 Part of Speech	词义 Meaning	课号 Lesson
* 表演	biǎoyǎn	v.	to perform	12
* 不到长城非好汉	bú dào Cháng chéng fēi hǎo hàn		He who doesn't reach the Great Wall is not a true man	6
* 不见不散	bújiàn-búsàn		be there or be square	6
C				
* 成功	chénggōng	v.	success	13
* 城门	chéngmén	n.	city gate	6
* 春捂秋冻	chūnwǔ-qiūdòng		Keep covered in spring and don't wear too much in autumn.	5
D				
* 打针	dǎzhēn	v.	to give/receive an injection	5
* 朵	duǒ	m.	*used with flowers*	10
F				
* 发达	fādá	adj.	developed	7
G				
* 感谢	gǎnxiè	v.	to thank	10
* 挂号	guàhào	v.	to register (especially at a hospital)	5
H				
* 寒假	hánjià	n.	winter vacation	3
* 糊涂	hútu	adj.	confused, muddled	7
* 活动	huódòng	n.	activity	15
J				
* 佳	jiā	adj.	food, fine	13
* 节	jié	m.	*used with classes*	3
* 结果	jiéguǒ	n.	result	13

续表

词语 Word / Phrase	拼音 Pinyin	词性 Part of Speech	词义 Meaning	课号 Lesson
*镜子	jìngzi	n.	mirror	7
*举办	jǔbàn	v.	to hold, to conduct	13
K				
*空气	kōngqì	n.	air	6
M				
*美丽	měilì	adj.	beautiful	10
*明星	míngxīng	n.	star	14
*母亲	mǔqīn	n.	mother	8
P				
*爬	pá	v.	to climb	6
*拍	pāi	v.	to take (a picture)	6
Q				
*取得	qǔdé	v.	to acquire	13
S				
*生活	shēnghuó	n.	life	15
*石碑	shíbēi	n.	stone tablet	6
*首	shǒu	m.	*used with poems, songs, etc.*	10
T				
*特点	tèdiǎn	n.	feature	6
*听力	tīnglì	n.	listening	16
W				
*晚会	wǎnhuì	n.	evening party	12
X				
*学期	xuéqī	n.	semester	3

续表

词语 Word / Phrase	拼音 *Pinyin*	词性 Part of Speech	词义 Meaning	课号 Lesson
Y				
* 阅读	yuèdú	n.	reading	16
Z				
* 只要	zhǐyào	conj.	as long as, provided	13
* 最好	zuìhǎo	adv.	had better, it would be best	5
* 作文	zuòwén	n.	composition	13
* 坐班	zuòbān	v.	to keep office hours, to be on duty	14